上海智库报告文库
SHANGHAI ZHIKU BAOGAO WENKU

新赛道 新优势

超大城市教育数字化治理之路

李伟涛 著

上海人民出版社

编审委员会

主　任：赵嘉鸣

副主任：权　衡　周亚明

委　员（以姓氏笔画为序）：

干春晖　王为松　叶　青　吕培明

刘元春　祁　彦　阮　青　李友梅

李安方　李岩松　张忠伟　陈东晓

陈志敏　陈殷华　顾　锋　顾红亮

梅　兵　曾　峻　温泽远

序

　　智力资源是一个国家、一个民族最宝贵的资源。建设中国特色新型智库，是以习近平同志为核心的党中央立足新时代党和国家事业发展全局，着眼为改革发展聚智聚力，作出的一项重大战略决策。党的十八大以来，习近平总书记多次就中国特色新型智库建设发表重要讲话、作出重要指示，强调要从推动科学决策、民主决策，推进国家治理体系和治理能力现代化、增强国家软实力的战略高度，把中国特色新型智库建设作为一项重大而紧迫的任务切实抓好。

　　上海是哲学社会科学研究的学术重镇，也是国内决策咨询研究力量最强的地区之一，智库建设一直走在全国前列。多年来，上海各类智库主动对接中央和市委决策需求，主动服务国家战略和上海发展，积极开展研究，理论创新、资政建言、舆论引导、社会服务、公共外交等方面功能稳步提升。当前，上海正在深入学习贯彻习近平总书记考察上海重要讲话精神，努力在推进中国式现代化中充分发挥龙头带动和示范引领作用。在这一过程中，新型智库发挥着不可替代的重要作用。市委、市政府对此高度重视，将新型智库建设作为学习贯彻习近平文化思想、加快建设习近平文化思想最佳实践地的骨干性工程重点推进。全市新型智库勇挑重担、知责尽责，紧紧围绕党中央赋予上海的重大使命、交办给上海的重大任务，紧紧围绕全市发展大局，不断强化问题导向和实践导向，持续推出有分量、有价值、有思想的智库研究成果，涌现出一批具有中国特色、时代特征、上海特点的新型智库建设品牌。

"上海智库报告文库"作为上海推进哲学社会科学创新体系建设的"五大文库"之一，是市社科规划办集全市社科理论力量，全力打造的新型智库旗舰品牌。文库采取"管理部门＋智库机构＋出版社"跨界合作的创新模式，围绕全球治理、国家战略、上海发展中的重大理论和现实问题，面向全市遴选具有较强理论说服力、实践指导力和决策参考价值的智库研究成果集中出版，推出一批代表上海新型智库研究水平的精品力作。通过文库的出版，以期鼓励引导广大专家学者不断提升研究的视野广度、理论深度、现实效度，营造积极向上的学术生态，更好发挥新型智库在推动党的创新理论落地生根、服务党和政府重大战略决策、巩固壮大主流思想舆论、构建更有效力的国际传播体系等方面的引领作用。

党的二十届三中全会吹响了以进一步全面深化改革推进中国式现代化的时代号角，也为中国特色新型智库建设打开了广阔的发展空间。希望上海新型智库高举党的文化旗帜，始终胸怀"国之大者""城之要者"，综合运用专业学科优势，深入开展调查研究，科学回答中国之问、世界之问、人民之问、时代之问，以更为丰沛的理论滋养、更为深邃的专业洞察、更为澎湃的精神动力，为上海加快建成具有世界影响力的社会主义现代化国际大都市，贡献更多智慧和力量。

中共上海市委常委、宣传部部长　赵嘉鸣

2025 年 4 月

目　录

前　言

　　党的二十届三中全会审议通过的《中共中央关于进一步全面深化改革　推进中国式现代化的决定》(以下简称《决定》)指出:"到二〇三五年,全面建成高水平社会主义市场经济体制,中国特色社会主义制度更加完善,基本实现国家治理体系和治理能力现代化,基本实现社会主义现代化,为到本世纪中叶全面建成社会主义现代化强国奠定坚实基础。"[1]这充分体现了以习近平同志为核心的党中央完善和发展中国特色社会主义制度、推进国家治理体系和治理能力现代化的历史主动,为进一步全面深化改革提供了纲领性目标。

　　根据推进国家治理体系与治理能力现代化的迫切需要,《决定》不仅明确提出"推动形成超大特大城市智慧高效治理新体系,建立都市圈同城化发展体制机制",而且要求深化教育综合改革,"推进教育数字化,赋能学习型社会建设,加强终身教育保障"。这一系列要求为新时代新征程上提升超大城市教育数字化治理现代化水平进一步指明了方向。

　　提升教育数字化治理现代化水平,是加快推进教育数字化的内在要求。近年来,伴随数字中国建设的不断深入,教育数字化正在呈

---

[1]《中共中央关于进一步全面深化改革　推进中国式现代化的决定》,中华人民共和国中央人民政府网,2024年7月21日。

现提速发展态势，国家层面的智慧教育公共服务平台加快布局与建设，同时，各地方纷纷制定实施规划和工程项目加快推进信息化时代教育教学变革。加快信息化时代教育变革，是 2019 年 2 月中共中央、国务院印发的《中国教育现代化 2035》提出的战略任务。2022 年10 月，党的二十大首次将"推进教育数字化"写进党代会报告，在"办好人民满意的教育"中明确提出"推进教育数字化，建设全民终身学习的学习型社会、学习型大国"。2023 年 5 月 29 日，习近平总书记在主持中共中央政治局第五次集体学习时指出："教育数字化是我国开辟教育发展新赛道和塑造教育发展新优势的重要突破口。"[1]推进教育数字化，已经成为全面建设社会主义现代化国家新征程中的一项战略性目标。

但是，推进教育数字化，是观念、技术与机制等多方面变革的过程。变革往往具有不确定性，各种不适应、不匹配乃至冲突存在于其中，并对变革的期望、动力和效果产生制约，因而教育数字化进程中的转型问题受到政府、社会和学界的高度关注。正因如此，成功有效的教育数字化转型，在教育发展规划和教育综合改革中被作为加快推进教育现代化与教育高质量发展的重要引擎和关键特征。然而，伴随着近年来各地区教育数字化应用场景开发应用项目数量的不断增多，观念、资源与制度的壁垒开始凸显，重技术应用、轻人的发展和教育创新的思路受到质疑，教育数字化治理的效能提升成为一个新的重要问题。

---

[1]《习近平主持中央政治局第五次集体学习并发表重要讲话》，中华人民共和国中央人民政府网，2023 年 5 月 29 日。

提升教育数字化治理现代化水平，是形成超大城市智慧高效治理新体系的重要内容。提升超大城市教育数字化治理现代化水平，是坚持人民城市人民建、人民城市为人民，办好人民满意教育的现实要求，也是深入实施科教兴国战略、人才强国战略、创新驱动发展战略，统筹推进教育科技人才体制机制一体改革的内在要求。上海作为我国超大型城市的龙头、全国教育现代化发展引领高地、国家教育数字化转型试点地区，迫切需要在提升教育数字化治理现代化水平上形成成熟的模式，以在长三角、全国乃至世界舞台上贡献智慧与方案，在中国式现代化中发挥龙头带动和示范引领作用，支撑上海2035年实现更高水平更高质量的教育现代化，助力教育强国建设。教育与城市双向赋能，一流城市与一流教育相互赋能。而在新时代新征程上，一流教育需要一流数治的赋能。

上海提升超大城市教育数字化治理现代化水平，核心是深入贯彻落实习近平总书记考察上海重要讲话精神，着眼上海建设具有世界影响力的社会主义现代化国际大都市要求，立足上海超大城市功能定位与国家教育数字化转型试点目标，构建具有上海智慧、世界水平的教育数字化治理模式，坚持问题导向与目标导向相结合、总结实践经验和推广制度创新相结合、具有国际视野与体现上海特点相结合，加快把上海建设成为教育数字化治理标杆城市，发挥上海在长三角区域教育现代化中的龙头作用，同时积极探索以教育数字化推动实现2030可持续发展目标倡议的更加公平、包容的优质教育，提高上海教育在国际上的影响力，在参与全球教育治理中贡献教育数字化建设的上海样本与上海智慧。

本书正是贯彻落实党的二十大报告和二十届三中全会精神，超越基于技术逻辑的教育数字化转型路径探索，致力于在治理逻辑下、从更宽的视野、立足上海，在推进长三角一体化发展和中国式现代化中发挥龙头带动和示范引领作用，并理清教育数字化治理的背景、现状、挑战与使命，梳理国内外典型案例与经验借鉴，在此基础上明晰上海超大城市教育数字化治理的功能定位，分析优化路径，构建监测指标与应用机制，为全国超大城市教育数字化治理探索新路。

第一章
强国背景下探索超大城市教育数字化治理新路

推进教育数字化治理是国家的一项战略目标，需要超大城市先行探索、示范引领，走在全国各地区的前列。超大城市教育数字化治理尽管具有资源集聚、教育改革和动力需求等优势，但同时面临来自体制机制壁垒与人的素养方面的各种挑战。探索具有超大城市治理特点的教育数字化治理新路，是强国建设新征程上的新课题。

第一节　探索教育数字化治理新路的战略意义

教育数字化治理新路，是理念、目标与路径的系统性变革，因此与推进中国式现代化、建设教育强国密切关联。深入认识探索教育数字化治理新路的战略意义，核心是面向中国式现代化要求，科学把握教育数字化治理与教育现代化发展、教育强国建设目标的内在关系。

一、推进教育现代化发展的战略选择

习近平总书记在党的二十大报告中指出：中国式现代化，是中国共产党领导的社会主义现代化，既有各国现代化的共同特征，更有基于自己国情的中国特色。[1] 新时代以来，我国教育现代化取得重要进展，并正在全方位加快理念、体系、制度、内容、方法与治理等方面的现代化。研究推进教育数字化治理新路，前提是基于我国国情科学认识现代化理论和教育现代化研究成果。

（一）现代化理论与教育现代化研究

从学术研究史上梳理，西方学界理解现代化的基本理论主要为经典现代化理论与后现代化理论。经典现代化理论，是从工业化和民主化两个方面理解现代化。后现代理论，则主要集中于对现代性的批判性反思。20 世纪 50 至 70 年代，研究现代化运动的现代化理论成为全球社会科学界的一门显学，并形成了关于现代化研究的若干主流学派，即以美国的塞缪尔·亨廷顿为代表的现代化研究政治学流派、以沃尔特·罗斯托为代表的现代化研究经济学流派、以塔尔科特·帕森斯为代表的现代化研究社会学流派、以阿里克斯·英格尔斯为代表的现代化研究心理学流派和以加拿大的西里尔·爱德华·布莱克为代表的现代化研究制度学流派等。其中，西里尔·爱德华·布莱克在《比较现代化》中提出现代化是指由传统的社会或前技术的社会转变为

---

[1] 习近平：《高举中国特色社会主义伟大旗帜　为全面建设社会主义现代化国家而团结奋斗——在中国共产党第二十次全国代表大会上的报告》，中华人民共和国中央人民政府网，2022 年 10 月 25 日。

具有技术理性的高度分化的现代社会。[1]另外，有国外学者基于中国经验研究现代化，比如以色列的当代社会学家 S.N. 艾森斯塔德在《传统、变革与现代性——对中国经验的反思》中把现代化理解为从一个专制固化的静态社会转变为一个具有变迁与革新取向的民主动态社会。[2]

我国学者针对现代化内涵的发展性及其给教育现代化理解带来的复杂性，进行了积极梳理与深刻阐述。罗荣渠的《现代化新论》总结和归纳了学术界关于现代化的四种不同含义：现代化是在经济和技术上赶上世界先进水平的历史过程、现代化实质上就是工业化、现代化是自科学革命以来人类急剧变动过程统称以及现代化主要是一种心理态度、价值观和生活方式的改变过程。[3]何传启提出第二次现代化理论，认为在工业时代向知识时代、工业经济向知识经济、工业社会向知识社会、工业文明向知识文明的转变过程中，政治、经济、社会、知识、文化等领域的变化将是新现代化。[4]

鉴于经典现代化理论针对现代化发展的较早阶段及基础阶段，顾明远认为教育现代化可以分为两个阶段：从工业化角度理解教育现代化是其中的早期阶段，这一阶段的教育具备受教育者的广泛性与平等性；教育经费投入的增加；教育制度的国家化、集中化；教育思想的

---

[1] ［美］布莱克：《比较现代化》，杨豫、陈祖洲译，上海译文出版社 1996 年版，第 19 页。

[2] ［以］艾森斯塔德：《传统、变革与现代性——对中国经验的反思》，吴薇译，载谢立中、孙立平主编：《二十世纪西方现代化理论文选》，上海三联书店 2002 年版，第 1087—1088 页。

[3] 罗荣渠：《现代化新论——世界与中国的现代化进程》，北京大学出版社 1995 年版，第 16—17 页。

[4] 何传启：《东方复兴：现代化的三条道路》，商务印书馆 2003 年版，第 108 页。

科学化、人本化；重视教育思想的生产性；教育内容以科学为主等特点。[1] 而作为后现代思想的流派，无论是解构性后现代思想还是建设性后现代思想，其根本出发点都是反思、批判教育现代化中现代性过盛可能带来的弊端，并对这些弊端提出警示，重视探求超越教育现代化的可能路径，采取更加温和及辩证的态度审思现代性的问题，以提供建设性的解决方案为更根本的目的，建设性后现代理论在一定意义上也能够为教育现代化发展提供方法论借鉴与解决方案。

综述已有相关学术研究，现代化往往被区分为广义和狭义两种定义：广义上的现代化主要是作为一个世界性的历史过程，是指自工业革命以来，由于生产力发展导致社会生产方式的大变革，从而导致传统的农业社会向现代工业社会的转变，并因而引起社会组织与社会行为深刻变革的过程；狭义的现代化则是指落后国家采取高效率的途径，通过有计划的经济技术改造和学习世界先进，带动广泛的社会改革，以迅速赶上先进工业国和适应现代世界环境的发展过程。从总体上讲，"传统与现代""落后与发达"这种二分法仍在影响着现代化问题的研究。

（二）我国加快教育现代化呼唤教育数字化治理

党的二十大报告提出"中国式现代化"的重大理论创新，是系统思维的高度体现，是对传统—现代的二分法的超越，为加快教育现代化发展指明了方向。

---

[1] 顾明远、薛理银：《比较教育导论——教育与国家发展》，人民教育出版社1998年版，第205—208页。

一是按照中国式现代化的战略部署定位教育现代化。党的二十大报告明确指出，中国式现代化是人口规模巨大的现代化、是全体人民共同富裕的现代化、是物质文明和精神文明相协调的现代化、是人与自然和谐共生的现代化、是走和平发展道路的现代化。中国式现代化的重大理论创新，向世界展现了不同于西方现代化模式的新图景，创造了人类文明新形态。推进中国式现代化，则需要教育现代化的支撑，并对教育现代化提出新定位。在国家现代化整体框架内，教育现代化超前整体发展；在全国教育现代化框架内，发达地区教育现代化超越全国整体发展。

二是以世界先进水平为标准推进教育现代化。虽然我国当前仍然是发展中国家、仍然处于社会主义初级阶段，但我国也同时正处于不断步入世界舞台中央的强起来的过程。教育作为社会发展的基础性、先导性力量，应当具有"强起来"的预见性和先导性。同时，从世界先进水平理解教育现代化，理应包含积极、主动地应对发展带来的挑战。因此，抓住历史机遇期，不断追赶世界教育先进水平，推进教育现代化，这要求在普及教育的发展基础上，注重教育的内涵式发展与质量提升，实现对世界一流水平教育的追赶、并行乃至超越；通过教育的包容性、多样化发展，丰富教育的类型，彰显我国教育的气度；通过教育的特色化、民族化发展，在世界教育舞台中发出中国教育声音、展现中国教育智慧。

三是从未来经济社会发展新趋势谋划教育现代化发展。新一轮科技革命和产业变革加速演进，科技创新成为引领发展的第一动力。人工智能技术的发展推动了经济社会发展全要素智能化革新，释放发展红利，赋能美好未来。可以预期，ChatGPT、DeepSeek 等人工智能技术引领的新科技革命将产生广泛而深远的影响，推动社会生产方式和生活方式发生革命性变化，主要包括：通过迁移学习、强化学习等方式，不断吸收、融合并产生新知识；引发产业转型升级，促进产业结构调整，促使人类加速知识的迭代更新，实现知识跨界融合，推动基础研究与应用研究的深度结合，从而提高生产效率。在我国，加强以数字化提升国家竞争力，加强大学与科研院所、人工智能上下游产业深度合作迎来新机遇。2023年2月，中共中央、国务院印发的《数字中国建设整体布局规划》，为数字经济的发展提供宏观指导和战略方向，赋能政府高效能治理，指引数字产业的布局和发展方向。这将推动数字技术与包括教育在内的公共服务深度融合，提高公共服务的效率和质量。智慧化、数字化、绿色化等未来发展的重要趋势，尤其是新科技革命与人工智能发展拓宽了教育的时空边界，将为学生提供更多的教育可能，为建设面向人人的学习型社会和学习大国提供支撑。

对照推进中国式现代化的要求，我国加快教育现代化发展，迫切需要加强教育数字化治理。提升教育数字化治理的现代化水平，不仅赋能于促进教育公平与质量提升，而且赋能中华优秀传统文化传承以及教育决策与管理的现代化。其价值突出体现在如下方面：

一是促进城乡教育公平。社会公平程度是衡量高效能治理的重要指标。教育数字化治理，致力于统一数字平台的搭建与应用，打破地域之间的限制，让优质教育数字资源实现共享，促使优质教育资源辐射偏远地区，从而缩小城乡之间、区域之间的教育差距，推动基础教育资源的均衡配置；同时，针对残疾学生和有特殊需求的人群，提供量身定制的学习解决方案，确保他们同样能接受适宜的高质量教育。

专栏1-1　让网络跨越时空　让合作超越隔阂
数字化引领教育现代化

在北京一零一中学，运用数字化打造教育未来新生态的尝试正在进行。该校从技术标准、教学标准、组织标准、课程标准、空间标准五个维度入手，通过智慧、开放、共享、生态的智慧校园建设，从精准多元的教学方式、泛在灵动的学习途径、丰富共享的资源生态、联动便捷的管理服务以及全面个性的评价体系五个层面来推动教育集团内部的整体改革。"以学习者为中心，创造全新的学习场景，包括多场景融合、线上线下互动以及校内校外、线上融合。"北京一零一中学校长陆云泉说。

经过持续努力，中国所有中小学都已接入互联网，99.5%学校有多媒体教室。四川凉山彝族自治州的学生与成都七中的学生可以同上一节课，大山里的孩子分享到优质教育资源；雅鲁藏布大峡谷深处，配备多媒体器材的"智慧课堂"让西藏墨脱县门巴族孩子小学入学率实现了100%……

这些十几年前很难想象的场景如今已司空见惯，成为日常生活的一部分，引领我们向着教育现代化的宏伟目标阔步前进。

资料来源：教育部网，2023年2月20日。

二是促进教育教学创新。加强教育数字化治理，有助于数字化工具的开发与应用，支持混合学习、翻转课堂等新型教学模式，促进教育教学方法的创新。同时，数字化治理下的教育平台，能够更好地支持随时随地学习，适应不同年龄段和背景的学习者需求，提供最新的知识和技术培训，帮助他们适应不断变化的社会，从而促进面向人人的学习型社会与学习大国建设。

三是赋能中华优秀传统文化传承。我国教育现代化发展的关键要素之一，便是更好地传承中华优秀传统文化。在当今迅猛发展的网络信息社会，中华优秀传统文化的价值不但不会消失，反而日益彰显出重要而独特的价值。迈向2035的未来社会是从传统走向现代的社会，但走向现代并非抛弃好的传统，而是更加有赖于发挥优秀传统文化的力量。因此，我国教育现代化发展，要求各级各类学校强化社会主义核心价值观教育，继承和弘扬中华优秀教育思想和实践经验，增强新时代青少年一代对中华优秀传统文化的认知与实践，具有民族自豪感、具有文化底蕴。这既是新时代推动教育现代化新发展的内在需要，又是我国教育高质量发展的重要特色体现。而加强教育数字化治理，有助于促进更多学校利用数字技术如虚拟现实（VR）、增强现实（AR）等，对传统文化进行创新性的展示和有力的传播，能够使学生在沉浸式的环境中体验传统文化，增强文化认同感和传承意识，从而赋能中华优秀传统文化传承。

专栏1-2　中国传媒大学加快推进教育数字化
改革赋能传媒教育高质量发展

创新社会服务，提供共享化优质资源。积极服务国家战略，聚焦重大主题讲好中国故事，整合数字化建设成果，不断增强实践育人实效。加强与各大主流媒体、互联网平台合作，进一步扩大作品的传播力与影响力。对党史文献、红色资源进行数字转化，推出"红色云展厅""百年先锋""我的入党故事""红色文物青年说"等一批融媒体作品，用新技术手段呈现具有代表性的革命展馆、党史故事、入党事迹、红色文物及其背后所承载的伟大精神，作品阅读量、播放量累计突破1亿次。运用前沿视听技术，打造"行走中国""十年百变""解码中华文化基因"等系列融视频，生动描绘中国大地文化遗产、风土人情、建设成就，为服务中外文化交流互鉴贡献力量。关注视障群体精神文化需求，发起"光明影院"项目，推动无障碍信息传播与公益服务，制作近400部数字化无障碍电影作品，积极推进进社区、进影院、进图书馆、进盲校、进家庭，努力为视障人士铺设"文化盲道"。积极推进优质资源共建共享，制作推出"中国新闻传播大讲堂"，自2020年创设以来，共邀请来自各大媒体的106名优秀新闻工作者担任主讲人，录制96期视频课程，以数字化形式展现一线新闻报道的最新技术手段和全媒体报道方式，将生动的中国新闻实践转化为高质量新闻"金课"，努力培养更多会讲中国故事、讲好中国故事的卓越新闻传播人才。

资料来源：教育部网，2023 年 2 月 13 日。

四是提升教育管理与决策水平。教育数字化治理，追求数据驱动、多类型数据整合与多主体参与，能够推动公众对教育政策意见和建议的广泛收集、基于大数据分析的教育资源优化配置，从而促使教育政策制定过程更加民主化和公开化，增强政策的科学性和公众的满意度，推进教育决策更加依据数据和事实，提高教育管理的透明度和公众的参与度，增强公众对教育的信任，以及帮助教育管理者更好地监控教育质量和效果并及时作出调整。同时，有助于实现教育数据的集中管理、实时更新，并简化行政流程，通过借助电子化管理和自动化工具提高教育行政工作效率，减少不必要的错误和冗余工作。另外，教育数字化治理有助于应对突发事件，确保正常的教育教学秩序，减轻突发事件带来的影响。

二、建设教育强国的战略支点

从历史方位来看，我国教育事业发展取得了举世瞩目的成就，教育总体发展水平已跃居世界中上行列，教育面貌正在发生格局性变化，与发达国家的差距逐步缩小，相对于新兴经济国家体和发展中人口大国，教育发展的比较优势越发明显，为进一步提升国家综合实力与核心竞争力打下重要基础。未来十到十五年，我国教育将进入满足经济社会发展新需求、探索教育发展新路径、深化新时代教育评价改革的关键历史阶段。

伴随历史方位的变化，建设教育强国的着力点将发生新的转向，突出表现为：更加关注创新人才培养质量的提升、更加关注人民群众满意度的提升、更加关注教育服务贡献程度的提升、更加关注教育国际影响力的提升，而这些方面的提升都需要教育数字化治理的有力支撑。在教育强国建设战略实施中，推进教育数字化治理能够最大化地利用资源、发挥优势和起到关键推动作用，因而具有重要战略支点的功能。

（一）教育数字化治理与创新人才培养质量提升

强国背景下国家安全和竞争力对人才培养质量提出新要求，提高创新人才培养水平成为建设教育强国的重要关注。而加强创新人才培养，不是某一所学校的事情，更不是针对少数学生和班级，而需要科学普及与全民科学素质提升。科学普及同科技创新具有同等重要的位置，科学素质是国民素质的重要组成部分。青少年是科学普及的重要对象，青少年科学素质提升尤其是加强学龄前儿童科学启蒙教育和提升基础教育阶段科学教育水平是教育强国建设中的重要内容。只有以广大青少年科学素质提升为牵引带动全民科学素质提升，才能不断缩小城乡、区域之间科学素质发展差距，促进科普公共服务均等化基本实现，进而为基本实现社会主义现代化提供有力支撑。

联合国教育变革峰会强调了利用数字革命为公共教育带来福利的

重要性，倡导数字技术在科学教育中的应用。教育数字化治理能够为青少年科学普及与全民科学素质提升提供强有力的支撑。

一是科学教育资源的广泛共享。通过数字化平台，可以汇集来自不同领域的优质科学教育资源，实现资源共享，让更多的青少年都能够接触到这些资源。教育数字化治理能够突破地理界限，使得偏远地区的青少年也能接触到高质量的科学教育内容。而数字化治理下的教师培训项目，能够提供最新的教学工具和技术培训，帮助处于不同地区的教师提升科学教育的专业能力。同时，通过数字化平台，教师可以与其他学校的同行分享经验、合作开发课程，共同致力于科学教育质量的提高。此外，借助数字化治理，有助于建立学校与社会、家庭之间的联系，促进校内外科学教育资源的有效衔接，推动中小学与高校、科研机构、企业的合作，共同为青少年提供更多元化的科学教育资源及共建共享的机制保障。

二是促进科普活动的组织与科学家精神的传承。数字化治理，能够支持在线科普活动的组织和推广，例如在线讲座、虚拟科学展览等，从而增加公众参与的机会。而通过数字化平台讲述和传播科学家的故事和成就，能够激发青少年的好奇心和探索欲望，培养科学家精神。数字化平台还能够通过在线课程、虚拟实验室，提高广大学生的实践能力和创新思维，以及为科学、技术、工程和数学（STEM）教育提供更广泛的资源和更具互动性的学习体验，助力创新人才培养。

三是促进科学素养数据分析与监测评估。数字化平台，能够动态精准乃至伴随式收集学习数据，帮助学校、教师和家长掌握学生的学习进展，及时发现问题并采取措施。通过大量自动留存数据的自动挖掘分析，对科学教育项目的有效性进行监测评估，并据此提供反馈，从而进一步改进科学教育内容和方式方法。

综上所述，教育数字化治理能够促进青少年科学普及和全民科学素质的提升，不仅能够扩大优质科学教育资源的覆盖面，还能通过数据分析和个性化学习等方式提高学习效果，进而为培养新一代具有科学素养的创新人才提供坚实的保障。

（二）教育数字化治理与人民群众满意度提升

适应全体人民共同富裕对教育质量变革要求，增强人民群众获得感、提高人民满意程度是教育强国建设的落脚点。毋庸置疑，人民群众对政府履行教育职责的满意度、普惠性非基本公共服务供给的满意度，是衡量教育强国建设成效的重要指标。但是，当前教育公共服务发展不平衡不充分问题仍然比较突出，各级政府亟待采取措施充分保障人人享有基本教育公共服务，同时，面向广大人民群众提供价格可负担、质量有保障的普惠性非基本教育公共服务。而无论是基本教育公共服务的全面覆盖，还是普惠性非基本公共教育服务的精准供给，都有赖于基于大数据的教育满意度监测评估支撑；并且，基于数字化监测评估结果，各级政府应针对性地推进教育资源配置标准、家庭经济困难学生资助等公共服务政策的调适与完善，以及通过推进教育数字化提供更加灵活多样的学习方式和内容，满足不同群体的多样化教育需求，从而增强人民群众对教育的满意度。优质数字教育资源全民畅享水平，是数字化时代教育领域共治共建共享的重要标志。

与此同时，伴随我国现代化进程的推进及政务公开、数字政府的建设，公众参与教育事务的意识、维护受教育权的需求诉求将不断增强。因此，提高学校家庭社区协同育人水平，构建覆盖城乡的家庭教育指导服务体系，健全学校家庭社会协同育人机制，是营造全社会共同支持教育良好生态的内在要求。这些都离不开良好的教育数字化治理的保障。教育数字化治理能够促进家校之间、师生之间以及学生之间的沟通与合作，以及通过在线论坛、协作平台等方式，实现不同学校之间分享学习资源和互相支持。家长可以通过数字化平台随时了解孩子的学习进度和表现，与教师保持密切联系，共同促进孩子健康成长。家长还可以通过数字化平台接收学校公开的信息，及时参与学校的决策与管理过程之中，从而提高家长对学校的满意度。

（三）教育数字化治理与教育服务贡献程度提升

伴随国家创新发展和世界人才高地建设对人力资源开发提出更高的要求，提高教育服务贡献程度成为教育强国的最重要衡量指标。我国正处于创新驱动推动高质量发展的关键时期，在支撑中国制造和中国创造、推动经济社会高质量发展方面，亟待坚实的教育基底发挥重要作用。服务国家人力资源水平提升和服务国家创新发展能力，是新时代教育服务贡献提升面临的课题。

第七次全国人口普查数据显示，我国每十万人中具有大学文化程度者的数量，由 2010 年的 8930 人上升为 2020 年的 15467 人，为我国经济高质量发展和科技创新奠定了良好条件。但与发达国家劳动力人口素质相比，仍然存在差距。2021 年，我国劳动年龄人口平均受教育年限为 10.9 年，低于多数经济合作与发展组织国家。尽管我国高等教育进入了普及化发展阶段，但与高等教育强国还存在距离，学科专业设置与社会和市场需求还存在一些结构性矛盾；面向世界科技前沿、面向经济主战场、面向国家重大需求、面向人民生命健康，高校需要进一步加强有组织科研，提高牵头或参与重大科技创新平台基地建设水平，持续提升原始创新和关键核心技术攻关能力；"双一流"建设取得积极进展，但仍然存在高层次创新人才供给能力不足、服务国家战略需求不够精准、资源配置亟待优化等问题，亟待在关键核心领域加快培养战略科技人才、一流科技领军人才和创新团队，为全面建成社会主义现代化强国提供有力支撑。

面对提升教育服务贡献度的新要求，教育数字化治理的支撑正在变得愈加重要。党的二十大报告首次把教育、科技、人才进行"三位一体"统筹安排、一体部署，并且单独列章阐述，强调"教育、科技、人才是全面建设社会主义现代化国家的基础性、战略性支撑"。但教育、科技和人才三位一体统筹推进机制的建立，需要发挥我国制度优势，建立有效的多部门数据信息统筹协调机制，打通教育内外部相关数据信息渠道，充分利用先进技术和智能化手段，打造教育治理的算力底座。加强教育数字化治理，有助于建立起更加智能、高效的人才供需服务体系，搭建连接劳动力市场需求和人力资源供给的智能桥梁，强化产学研合作，促进学校与企业的合作，使学生能够更好地了解行业需求，提高就业竞争力；同时，基于跨部门的大数据支持，面对不同人群精准地提供更多的职业培训和再教育机会，能够支持和促进个体在整个职业生涯中不断学习和提升，适应快速变化的工作环境和技能需求，帮助劳动力市场适应经济发展与产业调整的新要求。

（四）教育数字化治理与教育国际影响力提升

积极参与全球教育治理，提升我国教育国际影响力，是建设教育强国的必然要求。教育是推进联合国2030年可持续发展议程的重要领域。建设教育强国的过程，是高水平推进教育领域对外开放的过程。对于我国而言，除了全面提升来华留学质量，使我国成为世界重要的留学目的地国家之外，建设教育强国的另一个重要标志是提高我国教育的文化软实力。其中，中国学校、中资企业和机构在海外举办国际学校的数量与质量，成为衡量我国教育文化软实力的重要指标。而加强与国际组织的合作是提高我国教育文化软实力的内在要求。相应的，国际组织在中国落户数以及国际组织中中国籍职员的比例，是衡量我国与国际组织合作程度的重要指标。另外，随着我国综合实力的提升，不断提高中文的国际地位和影响力，增强中华文化和汉语在全球的推广与传播，是建设教育强国的重要内容。

而教育数字化治理，是积极参与全球教育治理的有效渠道和重要保障。加强教育数字化治理，有助于在国际合作与交流中确保数据信息的质量及认可度，增加合作伙伴之间的信任。制定和实施学习成果和学位认证标准，有助于促进不同国家和地区之间学分互认、学历互认，从而增进学生和教师在全球的流动性。基于教育大数据的统计与监测分析，则有助于共同应对全球教育问题的解决，以及在世界舞台上共享最佳教育实践，分享中国的教育经验和学习国际先进的教育理念。另外，围绕增强国际话语权，需要通过参与全球数字教育的标准制定和规则制订，以及运用数字化手段讲好中国教育故事，向世界展示中国教育的发展成就和创新实践，从而提升教育的国际影响力和国家的文化软实力。

专栏 1-3　我国教育数字化工作进展总体情况

坚持"联结为先、内容为本、合作为要"的核心理念，遵循"应用为王、服务至上、简洁高效、安全运行"的基本原则，纵深推进国家教育数字化战略行动，各项工作取得了显著成效，为教育强国建设提供了有力支撑。

第一，教育数字化统筹部署取得突破进展。站在中国式现代化的高度，认识、谋划、推动教育数字化战略行动，高位推进、一体落实。

第二，国家智慧教育平台建设水平持续提升。把国家智慧教育平台建设作为教育数字化战略行动的先手棋和重要举措，坚持系统集成，使之成为资源富矿和服务高地。

第三，国家智慧教育平台应用范围显著扩大。坚持应用为王，秉持"方法重于技术、组织创新重于技术创新"工作思路，把应用摆在优先突出位置，强化典型引路。截至 2023 年底，平台累计注册用户突破 1 亿，浏览量超过 367 亿次、访客量达 25 亿人次，数字技术的叠加、倍增、溢出效应充分显现。

第四，国家教育数字化大数据中心起步建设。一是延展国家智慧教育平台运行监测范围，拓展监测深度，采集数据 500 余亿条。二是建设数据治理平台，开展两批共 61 所高校试点工作，通过各类政务数据共享，创新新生注册、精准资助、智慧思政、校园安全等应用场景，赋能各类管理服务。

第五，教育数字化保障能力不断提升。标准化、规范化在国家教育数字化战略行动中具有基础性、引领性作用。围绕平台、数据、资源、素养四个方面，发布 7 项系列标准，完善教育数字化标准规范体系。组织修订义务教育信息科技课程标准，持续做好人工智能助推教师队伍建设试点工作，提升师生数字素养与技能。

第六，中国数字教育国际影响力充分彰显。教育数字化先天带有开放、合作、共享的基因。以教育数字化国际交流为纽带，构建国际合作新范式。成功举办首届世界数字教育大会，来自世界 130 多个国家和地区的代表参会，发布了中国智慧教育蓝皮书和智慧教育发展指数等成果文件，为全球教育变革提供了中国智慧、中国方案。推动金砖国家拓宽教育领域合作，探索建立数字教育合作机制。举办"中国—东盟数字教育论坛"，构建全球数字教育对话格局。

资料来源：教育部网，2024 年 1 月 26 日。

第二节　超大城市教育数字化治理的先行优势

人工智能在教育领域应用正呈现加快发展态势。2024 世界数字教育大会于 2024 年 1 月 29—31 日在上海召开。而仅仅时隔两个月，2024 年 3 月 28 日，教育部举办数字教育集成化、智能化、国际化专项行动暨"扩优提质年"启动仪式，人工智能赋能教育行动正式启动。可见，大力推进教育数字化及其治理，已成为建设教育强国的战略举措和支点。上海、北京、深圳等超大城市教育数字化治理具有良好的基础与优势，应走在全国各地区的前列，积极发挥示范引领作用。

一、资源集聚优势

超大城市通常指的是城区常住人口（即户籍人口加上居住六个月以上的非户籍人口）超过 1000 万人的城市。目前，我国超大城市包括上海、北京、深圳、重庆、广州、成都和天津等。超大城市的出现和发展往往伴随着高度的城市化和经济集聚，同时也带来了城市规划、公共服务、绿色生态等一系列挑战。随着城市化进程的加快，超大城市的数量和规模可能会继续增长，同时这也对城市管理和可持续发展提出了更高要求。超大城市是我国城市规模分类中的最高等级，在我国经济、社会、文化等多方面都扮演着重要的角色。超大城市的概念主要用于城市规模的分类，它是基于城市的人口数量来定义的。这个分类有助于政府在城市规划、资源配置、管理等方面进行差异化的策略制定。

在超大城市，教育发展与城市人口规模及其变化、教育投入能力与优质教育需求增长等因素密切相关。统计数据显示，不论是按人口划分的超大城市、特大城市如北上广深，还是 GDP 过万亿城市或人均 GDP 超 2 万美元城市如苏州、宁波、珠海等，这些城市的教育综合普及水平均已处于高位，教育高质量发展的基础良好。但与此同时，这些城市发展对人才培养质量提出了新需求，再加上这些城市都处于包括京津冀、长三角、粤港澳大湾区等国家重要战略区域之中，因而教育发展水平直接关系到国家重要区域战略实施，率先加快超大城市教育治理与高质量发展势在必行。

上海、北京、深圳等超大城市在教育数字化转型方面具有显著的多方面优势，不仅有助于提升教育质量和管理效率，也为先行探索超大城市教育数字化治理新路提供了良好基础。

数字化基础设施领先：超大城市拥有先进的信息技术基础设施，如 5G 网络、云计算平台和大数据中心，这为教育数字化提供了坚实的技术支持。以上海为例，积极推进 5G 和云技术的融合，优化升级信息网络基础环境，为教育数字化提供了高速稳定的网络支持；而上海全市层面致力于实现"一网通办"向"一网好办"的转变，有利于通过信息化手段赋能教育管理各环节，使得教育治理更加科学高效；城市不断扩大应用新技术如数字孪生、区块链等，则增强了教育数字化治理的基础环境与保障能力。超大城市具有的强大的技术基础设施优势，不仅为教育发展提供高效的管理和支持，同时为学生和教师创造更加便捷和丰富的学习环境。

科技人才资源丰富：超大城市集聚了大量的高端人才，包括教育专家、科研人员和技术开发人员，他们是推动教育数字化创新和发展的重要人力资源支撑。超大城市如北京、上海等拥有众多高等教育机构和研究中心，这些机构培养大量的专业技术人才，为教育数字化转型提供了丰富的人力资源。以上海为龙头的长三角区域在新一代信息技术、人工智能、生物技术、新能源、新材料、高端装备、绿色环保等战略性新兴产业领域展现出了集群发展态势。数据显示，"信息传输、软件和信息技术服务业"和"科学研究和技术服务业"两大行业城镇单位就业人员大幅增加，2022年较2018年增幅超过35%。其中，在"信息传输、软件和信息技术服务业"方面，上海和浙江的城镇单位就业人员增幅都超过了50%；在"科学研究和技术服务业"方面，上海城镇单位就业人员增幅最大，达到42.8%。同时，超大城市的教育资源丰富，能够吸引和聚集国内外的优秀教育专家和技术人员，形成强大的人才支持体系。总之，超大城市通常是科技创新的高地，拥有众多创新型企业和研发机构，在人工智能、大数据、云计算等领域取得了一系列创新成果，从而能够为教育数字化提供技术支持和创新动力。党的二十大以来，超大城市按照教育科技人才三位一体部署，注重教育与科技、人才的深度融合，通过顶层设计和政策引导及良好的政策环境，吸引了大量致力于技术创新的企业和创业者，从而进一步加强了超大城市在教育数字化领域的人才优势。

表1-1　长三角地区战略新兴产业城镇单位就业人员情况

单位：万人；%

地区	信息传输、软件和信息技术服务业城镇单位就业人员			科学研究和技术服务业城镇单位就业人员		
	2022年	2018年	增幅	2022年	2018年	增幅
长三角	135.6	98.7	37.4	100.9	74.6	35.3
上海	54.4	35.6	52.8	38.4	26.9	42.8
江苏	35.1	32.0	9.7	28.1	21.8	28.9
浙江	34.4	21.8	57.8	22.7	16.6	36.7
安徽	11.7	9.3	25.8	11.7	9.3	25.8

数据来源：国家统计局。

改革开放力度大：超大城市对教育数字化给予了高度重视，出台了一系列政策措施，并且是国家教育改革和发展的先行区，承担教育数字化转型的实践和探索试点试验。同时，超大城市在教育领域与世界各地的交流合作更为频繁，有助于引进国际先进的教育理念和技术。比如，上海高度重视教育数字化发展，将其作为提升城市综合竞争力和建设具有世界影响力的社会主义现代化国际大都市的战略举措，出台一系列专项规划，制定教育数字化的发展目标和路径，为教育数字化提供了政策引导和支持。上海还积极推动产学研合作，促进科技成果在教育数字化领域的应用和转化。开放包容与对外开放环境，为超大城市教育数字化转型与治理提供了更多的合作机会和更优的生态环境。

二、教育改革优势

根据"数字中国"建设总要求和上海市委、市政府关于城市数字化转型"整体性转变、全方位赋能、革命性重构"要求，上海着力推动教育数字化治理，以推进教育教学模式改革为核心，以推动教育评价改革为突破口，推动数字化赋能教育创新发展，推动数字化赋能教育综合改革，产生了若干可复制可推广的数字教育示范场景和数字化转型实践案例。

为推进教育数字化转型，2021年9月上海发布《上海市教育数字化转型实施方案（2021—2023）》，2022年3月又制定《上海市教育数字化转型"十四五"规划》，2022年12月出台《上海市中小学教学数字化转型三年攻关行动方案（2022—2024学年）》。显然，上海在教育数字化转型方面制定了全面的规划和具体的改革计划，这是探索超大城市教育数字化治理新路的重要支撑。

表 1-2　上海推进教育数字化转型的政策举措

领域	举措	内　容
基础设施建设	网络基础设施升级	提升城域网速率，保障网络服务安全性和稳定性
	无线网络全覆盖	实现义务教育阶段学校无线网络和多媒体教室全覆盖
	虚拟服务器部署	部署超过 2500 台虚拟服务器，支持市级关键教育信息系统
教育教学变革与创新	推动教育信息化应用标杆校建设	创建教育信息化应用标杆学校，推广创新教育模式
	探索未来学校建设	建设适应新理念、新技术的未来学校
	智能感知技术应用	应用智能感知技术全方位感知学生行为和健康状态
数字素养与能力提升	课程内容创新	实施国家中小学信息技术课程并引入新兴技术课程如人工智能和编程，以及全面推广科学与创新（STEAM）教育
	师生能力提升	通过"数据治教、数据助学"提升师生的数字思维和信息技术应用能力
	培养方式建设	支持高等教育机构在人工智能等相关领域的专业建设，推进师范院校的教育技术学课程改革，并鼓励建设未来教师信息素养实训基地
教育管理业务流程再造	优化教育管理流程	通过数字化提升教育政务服务和学校管理，实现流程的高效再造
	数据驱动与智能赋能	应用数据驱动方法和智能技术优化教育管理
网络与信息安全	网络安全责任制推进	落实教育系统网络安全责任制，开展专题培训和宣传
	网络安全监测建设	构建网络安全数据分析和展示平台，实时监测教育信息系统
多元参与机制	建立多元参与新机制	构建政府主导、社会、产业、学校多方参与、成果共享的教育数字化转型机制
	鼓励新技术应用	以应用场景牵引教育数字化转型创新

从全国来看，上海市多维发力推进教育数字化转型发展成为教育改革的典型。其核心是立足新发展阶段，坚持以教育信息化推动教育现代化，聚焦组织领导、数字基座、典型应用、安全保障等方面多维发力[1]，着力推动信息技术与教育治理和教育教学深度融合，建设教育数字化转型试点区，开展国家智慧教育平台试点，建立了"政府定标准、搭平台，企业做产品、保运维，学校买服务、建资源"的信息化建设及运营转型模式，初步构建一个高效、互联互通、安全可靠的数字化教育生态环境。

在组织领导方面，着力完善数字化转型机制。上海市委、市政府高度重视，不仅成立专项工作领导小组，建立联席会议制度，明确将教育数字化转型发展作为重点工作加快推进，先后出台《上海市教育信息化 2.0 行动计划》《上海市教育数字化转型"十四五"规划》《上海市教育数字化转型实施方案（2021—2023）》等文件，全面部署推进教育数字化转型各项工作。坚持系统推进、多方协同，调动政产学研社多方力量，共同支持教育信息化建设和发展；联合有关高校建设上海人工智能研究院，协同开展相关理论研究、技术攻关和实践创新，为教育数字化转型发展提供有力支持。

在数字基座方面，努力夯实数字化转型基础。上海坚持标准先行，探索构建完善标准体系，发布《上海教育数据管理办法》《学校数字基座需求说明与建设标准》《教育管理基础数据》等标准规范。这为实施"政府定标准、搭平台，企业做产品、保运维，学校买服务、建资源"的新型信息化建设模式奠定基础。同时，不断完善市、

---

[1]《上海市多维发力推进教育数字化转型发展》，教育部网，2022 年 11 月 23 日。

区、校一体化数据标准，促进教育数据的归集、共享，推行"一数一源"数据治理模式。通过统一数据标准、统一数据管理、统一安全防范，实现了全市教师、学生及教育治理等数字空间全连接，为教育数字化转型奠定坚实基础。

在典型应用方面，不断拓展数字化转型场景。首先，加强国家智慧教育平台的宣传应用，建设上海智慧教育平台，向国家平台上传基础教育资源1.6万余个、高等教育课程3800余门、职业教育资源960余个。同时，各级教育积极开发应用场景。在学前教育阶段，围绕园所智能管理、健康常态监测、户外运动监测和托育机构管理等，全过程、可视化呈现保教活动。在中小学教育阶段，建设"空中课堂"在线教育平台，开发覆盖基础教育全学段、多学科的在线学习资源库，实现学习资源随时获取。在职业教育阶段，基于真实岗位情境，建设职业教育虚拟仿真实训平台。而在终身教育阶段，针对终身学习需求，打造面向中老年人的免费线上学习平台"金色学堂"，着力打造学习资源优质丰富、学习方式灵活可选的终身教育平台。

在安全保障方面，筑牢数字化转型保障。上海市成立网信工作领导小组，统筹抓好网络安全的规划、建设和监管保障，围绕数据、技术、系统、网络等方面，着力构建与教育数字化转型相适应的网络安全管理体系。为强化安全防护，注重日常防护和重要时期保障相结合，每年组织对教育系统重要网站、平台、生产系统进行全面梳理、摸清底数、加强管理，严格落实网络安全责任制；建立教育系统网络安全月度通报制度，完善网络安全监测、通报机制，健全教育网络安全预警体系，持续加强安全监管与数据保护；严格执行安全等级保护制度，强化信息保护措施，确保各类教育平台安全有序运行；建立常态化网络安全演练和培训考评机制，将网络安全工作纳入校园安全大局统筹部署推进，加强网络安全培训与宣传教育，开展网络安全宣传周、数字素养提升月等活动，促进网络安全宣传教育进校园、进课堂、进课程，切实提升师生员工的网络安全意识和技能素养。

从上海推进教育数字化的政策举措和实践可以看出，上海展现了教育数字化转型过程中的综合优势，体现了在该领域的全面思考、前瞻布局和治理创新。

政策引领和战略规划：上海教育数字化转型受到政府层面的强有力引领和支持。政府制定了一系列规划与政策，逐步明确教育数字化的目标和方向，而且确保了这一转型与城市的整体发展战略相一致。政策引领为上海教育数字化转型提供了清晰的路线图和稳定的支持环境。

全面的系统集成设计：上海推进教育数字化的过程中，不只是关注教育领域内的变革，还强调与城市其他系统的整合，包括经济、科技、文化等方面。全面的系统集成设计方式不仅能促进教育与城市发展的协同，还将增强教育在社会经济发展中的作用和影响力。

技术基础设施和资源：上海在技术基础设施和资源方面做了大量的投入和建设，如提升网络覆盖、建设数据中心等，为教育数字化提供了坚实的硬件和软件支撑。这些基础设施不仅提升了教育系统的信息化水平，也保证了数字化资源的广泛覆盖和可访问性。

创新教育模式和教学方法：上海积极探索和实施新的教育模式和教学方法，提高教育质量和管理效率。同时，上海重视教师专业发展和数字技能培训，这是实现有效教育数字化的关键。只有创新模式并使教师具有利用数字工具和资源的技能，才能够促使教育系统更好地适应未来社会不断变化的技术变革趋势和日益增长的优质教育需求。

跨部门协作和资源整合：在教育数字化转型过程中，上海表现出了跨部门合作的优势，涉及教育、科技、经济信息等多个部门。跨部门协作不仅提升了资源使用的效率和效果，还促进了不同领域和层级间的协调和统一，为数字化转型的成功提供了重要保障。

三、动力需求优势

相较于全球新一轮科技革命带来的新机遇、超大城市具有的技术基础设施与人才资源及改革开放优势，超大城市教育数字化治理的深层动因更值得关注。深层动因反映超大城市发展的内在需求，是超大城市教育数字化治理的重要动力源泉。

一是超大城市人口结构的变化与多样优质教育需求的增长，催生教育数字化治理的需求。超大城市的人口结构复杂且不断变化、流动，而数字化转型可以快速响应人口结构的变化及其教育需求，调整教育资源的配置。超大城市通常面临教育资源分布不均衡的问题，而数字化转型可以通过在线学习平台和资源共享机制，提高教育资源的利用效率。这样可以减少资源浪费，确保资源得到更广泛的覆盖和合理的配置。超大城市中优质的教育资源往往集中在特定区域或学校，而数字化转型可以打破地域限制，通过在线课程、虚拟实验室等形式将优质资源传递给更多的学生。这有助于缩小城乡、区域之间的教育差距，促进教育公平。另外，超大城市的学生群体具有多样化的特点，而数字化转型可以提供个性化的学习资源和教学方式，满足不同学生的学习需求。这有助于促进学生全面发展，更好地适应未来社会的需求。教育数字化转型可以加强教育与社会的联系，通过与企业合作开发实践性课程、提供职业导向的在线学习资源等，为学生提供与就业市场相匹配的技能和知识。总之，教育数字化转型是超大城市优化教育资源配置的重要途径。教育数字化转型能够提高教育资源利用效率、实现优质教育资源共享、满足多元化的教育需求、促进教育创新与发展、适应人口结构变化，以及强化教育与社会的联系。而上述这些方面的期待、变革，都使得教育数字化治理的需求愈加凸显。

专栏1-4　数字无界　教育无限

"来到中国后，我发现中国的'夜校'非常火爆！不同年纪、不同职业的人学习烹饪、跳舞、健身等兴趣技能。"联合国教科文组织终身学习研究所所长伊莎贝尔·肯普夫在2024世界数字教育大会上发言时这样说。

数字化的大潮势不可挡，新知识、新技术、新技能甚至新职业不断更迭，在这样一个时代，时时学习、不断更新成了每个人的需要和必要。

"数字技能是新型劳动者的关键能力。"深圳职业技术大学党委书记杨欣斌说。同时，数字技术又为不断更新甚至颠覆性学习提供了可能。

据了解，深圳职业技术大学正在进行全方位系统化的数字化转型，而这种转型也要紧跟行业技术的发展。随着新能源汽车、无人驾驶汽车等技术技能的创新，学校汽车设计制造的教学也必须创新。于是，该校与企业共同开发数字化的资源，汽车的构造及原理等教学都可以使用仿真设备，既符合产业发展又适合教学。

北京理工大学的很多课程也都配有虚拟仿真实验室。"过去有很多需要在实物上进行的实验，现在通过虚拟仿真实验室就能在网上进行实践，而且实验效果可以和实物进行互相验证，大幅提升了学生做实验的效率和体验感。"该校校长龙腾说。

不少国家也在应用信息技术助力人们不断掌握新技能方面进行着尝试。

在 2024 世界数字教育大会上，伦敦玛丽女王大学校长、英国皇家工程院院士科林·贝利带来了案例分享。该校将触觉技术与模拟技术相结合用来培养牙科医生。"学生们在模拟的牙齿上'钻洞'时，手上是能感受到来自'牙齿'的反作用力的。"

资料来源：教育部网，2024 年 2 月 19 日。

二是超大城市文化软实力的提升，有赖于教育数字化治理的支撑。教育是文化传播的重要途径。推进教育数字化，可以更广泛地传播城市的文化特色、历史传统和城市精神。例如，可以通过在线课程、虚拟展览等形式，向全球学习者展示城市的文化遗产和当代创意。同时，教育数字化有助于塑造城市的国际化形象，通过提供高质量的数字化教育资源，展现出其对教育和技术的重视以及对未来发展的远见，而这有助于提升城市的品牌价值和吸引力。另外，教育数字化可以打破地域限制，便于不同文化背景的学生进行交流与互动。这种跨文化的互动有助于促进文化的多元融合，增强城市的开放性和包容性。此外，教育数字化可以通过提供多样化的学习资源和平台，提升公民的文化素养和艺术审美，从而提升个人的生活质量，也为城市的文化繁荣作出贡献。

更为值得关注的动力需求，来自超大城市公共教育决策的科学化与民主化，这是教育数字化治理的重要动因。超大城市面临的教育决策问题具有前瞻性、社会关注度高的特点。推进教育数字化治理，是超大城市提升教育决策科学化与民主化水平的重要途径。主要表现为：

提供大量实时、准确的教育数据，为教育决策提供科学依据。通过数据分析，决策者可以更好地了解教育现状、趋势和问题，制定更有针对性的政策和措施。通过在线评估、数据分析等手段，可以对教育质量进行实时监测和评价，从而及时调整教育策略和提高教育质量。

实现教育资源的均衡配置和优质教育资源的共享。通过数字化平台，可以将优质教育资源传递到每个学生手中，缩小城乡、区域之间的教育差距，促进教育公平。教育数字化治理可以提供更多的在线教育资源和信息公开平台，让公众更容易获取教育信息，并对教育决策进行监督和参与。这有助于提高教育决策的透明度和民主化水平。

为此，实现多源数据的整合和建设教育决策服务系统变得越来越重要。上海市人民政府印发的《上海市教育发展"十四五"规划》提出"建设教育决策智能化支持系统"，"以教育大数据应用提升管理决策水平"等要求。决策支持系统（Decision Support System，简称 DSS），提出于 20 世纪 70 年代，随后在多领域得到积极发展。尽管 20 世纪 90 年代我国曾经提出建立教育决策咨询系统，21 世纪伊始提出教育管理信息系统，但教育决策支持系统从教育管理信息系统中分离出来则始于《国家中长期教育改革和发展规划纲要（2010—2020）》。2015 年，教育部建设的"国家教育科学决策服务系统"正式上线，这是我国教育领域的一个决策支持系统。研究表明，教育决策服务支持，既需要数据的高效整合作为手段，加强数据挖掘分析与预测及风险分析，又需要包括决策者和研究者在内的教育决策参与主体的自觉与领导力提升。在教育决策服务支持方面，教育数字化治理中面临的主要需求包括：高效的数据分析和解读、基于数据的政策制定及全面的风险管理。应对这些需求需要先进的技术工具、决策者的专业能力提升以及全面的风险管理策略。

表 1-3　教育决策支持的需求

方面	需　求	应　对
数据分析和解读	分析和解读教育系统收集和生成的大量数据以支持决策成为一项挑战。数据的复杂性和多样性要求决策者或业务人员具备较强的数据分析能力	应用数据分析工具和技术及定制开发系统以帮助解读大量数据。同时，培训决策者和管理人员，提高他们的数据素养和分析技能
政策制定	基于数据分析制定政策需要考虑数据分析的针对性、准确性。数据分析只是政策制定的依据之一，还需综合考虑教育系统内部和外部的多种因素	提升决策支持科学化；同时，为了应对数据更新和趋势变化，加强政策的动态调适
风险管理	在数字化转型过程中，需要识别和管理各种风险，包括技术依赖、数据误用、隐私泄露等	建立全面的风险管理框架；定期审查和更新风险管理策略，以适应不断变化的技术和数据环境

　　与中小城市相比，超大城市教育政策决策主体间的协作需求特点更为明显。随着现代教育成为公共事业的特征越发明显，教育决策中参与主体不再只是产生于教育系统内部，并且不同主体之间的协作需求增加显得至关重要。在教育决策中，越来越多的部门，比如规划、劳动、人社、卫生、宣传等部门介入进来。为此，政府在制定教育政策时越来越多地呈现出多部门会签与联合印发或监督执法的情况，并建立教育领导小组、学习型社会建设办公室等常设机构。而这对整个城市内部教育决策的系统协同提出了数据信息需求。

　　政府部门各自"占有"数据信息状况的存在，已不适应跨部门决策的需要。在西方公共管理理论发展中，新公共管理理论导致"碎片化"的缺陷日益明显之后，后新公共管理理论中产生了跨部门协同理论，英国学者希克斯的整体政府理论是主要代表之一，其把信息技术作为基础，构建了促成整体政府的"整合信息系统模型"[1]。立足我国国情和超大城市特点，教育决策的协同创新具有制度优势，同时必要性在增强，但不同部门之间的协作有赖于数字化治理的有效支持。

　　在城市内部系统协同方面，教育数字化治理中面临的主要需求包括：跨部门合作、基础设施和资源共享以及策略一致性。应对这些挑战需要有效的政策制定、资源规划和协调机制，以确保城市层面上的各个系统和部门能够有效地协同工作。

---

[1]　曾维和：《后新公共管理时代的跨部门协同——评希克斯的整体政府理论》，《社会科学》2012年第5期。

表1-4　城市内部系统协同的需求

方面	需　求	应　对
跨部门合作	教育系统的数字化转型不仅涉及市教委，还涉及发改委、财政局、人社局、科委、经信委等多个部门，部门间要有有效的沟通和合作，不同部门之间可能存在目标不一致、资源分配等问题	建立跨部门协作平台，促进各部门间的信息共享和资源协调；制定共同的目标和计划，确保所有部门都在同一方向努力
基础设施和资源共享	实现教育数字化需要强大的基础设施支持，包括设备、网络连接和数据中心等。建立和运维这些设施和资源需要大量资金和技术投入，市、区、校之间存在资源分配不均等问题	城市规划应包括对教育数字化基础设施的投资和布局，推动资源共享，如公共数据中心、云服务等，解决数字化转型必备的设施支持并减少成本、提高效率
策略一致性	确保城市内不同系统的数字化策略和目标是一致和互补的，避免重复努力和资源浪费，但不同系统和部门之间可能有各自的优先事项和工作方式	制定统一的城市级数字化战略，明确各部门在其中的角色和责任，定期进行评估，确保所有部门和系统都朝着共同的目标前进

第三节　超大城市教育数字化治理的挑战分析

上海超大城市教育数字化治理不仅涉及技术和资源的整合，还包括了理念变革、人才培养和管理服务流程改革等多个方面。经过多年的推动，上海在教育数字化治理方面取得了较大的进展。但超大城市数字化治理是一项系统性工程，是一个不断重构和持续变革的过程。基于国际和行业发展的经验判断，上海教育数字化治理现代化进程仍然面临着不少潜在的挑战，包括认知与理念、数据管理与资源配置中的多重壁垒挑战，更包括来自教师和市民积极参与教育数字化转型的素养挑战等。

一、超大城市教育数字化治理中的多重壁垒

教育数字化转型的活力来自多元主体的参与，并按照"政府定标准、搭平台，企业做产品、保运维，学校买服务、建资源"的模式，让各类主体实现深度参与，从而不断增强教育数字化供给服务的质量。

伴随教育数字化转型进入新阶段，教育数字化治理正在变得愈加重要。没有治理现代化水平的提升，无论是教育数字资源配置，还是师生信息化运用能力提升都将会失去重要保障。协同治理被视为一种新兴的有效治理策略和方式，是对社会利益主体更加多元、利益诉求更加多样、矛盾错综交织情况下力求善治尤其是最大化增进公共利益的回应和应对，其理论支撑主要基于协同学与治理理论的交叉结合。协同治理尽管呈现全球性的研究趋势，但仍是一个新兴的领域。

教育数字化治理面临着破解壁垒的挑战。治理壁垒具有多类型的特征，主要包括观念壁垒、制度壁垒、资源壁垒、技术壁垒、数据壁垒等。协同治理壁垒不仅具有多类型特征，还表现在多个层级空间之中，从市到区以及社区，甚至数字经济和在线教育快速发展使得虚拟学习社区中的治理问题凸显出来。教育数字化治理并非易事，面临着破解壁垒的深刻挑战。打破各种壁垒，已成为教育数字化转型的核心问题。

（一）观念壁垒

随着推进教育高质量发展任务的提出，尽管教育数字化的重要性

普遍受到关注，但数字化赋能教育的理念并未真正确立。根据 2023 年面向长三角三省一市 57 位基础教育阶段学校校长、教育学院或进修学院院长和地方教育局局长实施的问卷调查，数据分析显示，"数字化教育应用场景丰富并具有数字化治理能力支撑"（占比 45.61%），被认为是未来基础教育高质量发展比较重要的组成部分（见图 1-1）。

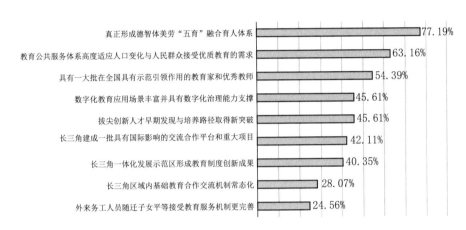

真正形成德智体美劳"五育"融合育人体系　77.19%
教育公共服务体系高度适应人口变化与人民群众接受优质教育的需求　63.16%
具有一大批在全国具有示范引领作用的教育家和优秀教师　54.39%
数字化教育应用场景丰富并具有数字化治理能力支撑　45.61%
拔尖创新人才早期发现与培养路径取得新突破　45.61%
长三角建成一批具有国际影响的交流合作平台和重大项目　42.11%
长三角一体化发展示范区形成教育制度创新成果　40.35%
长三角区域内基础教育合作交流机制常态化　28.07%
外来务工人员随迁子女平等接受教育服务机制更完善　24.56%

图 1-1　长三角区域基础教育高质量发展图景调查

在问及制约基础教育高质量发展的关键问题时，"适应新理念应用新技术的'未来学校'引领仍然缺乏"和"教育数字化治理能力不适应教育现代化发展要求"，占比分别为 45.61% 和 29.82%。相较于学校家庭与社会协同育人、激发学校办学活力等治理问题被提及的次数，教育数字化治理能力的关键性认知还有待强化。当然，学校家庭与社会协同育人、激发学校办学活力等治理问题的重要性认知度高，与近年来国家和上海出台的一系列教育法规和政策文件密切关联，包括《中华人民共和国家庭教育促进法》《教育部等十三部门关于健全学校家庭社会协同育人机制的意见》《教育部等八部门关于进一步激发中小学办学活力的若干意见》等。随着国家和上海先后成立数据局和不断促进教育数字化转型，教育数字化治理的认知需要进一步提升。

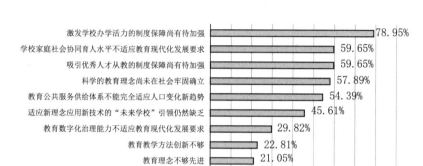

图 1-2　制约基础教育高质量发展的关键问题

　　学校在教育数字化转型方面的意识还有待增强和缺乏系统思考。当前，上海全市范围内智慧学校发展水平还偏低，实现数据整合和平台统一的数字校园规范化建设的各级各类学校比例、实现校园物联网感知和智能教学常态化应用的学校比例、实现数据驱动个性化学习指导的学校比例等均未超过 50%，智慧学校发展任务依然艰巨。如果数字化转型不能切实纳入学校整体发展规划，不能加快通过数字化转型改变重复性工作多的现状，就无法实现教师减负增效、学生因材施教，以及让家长更加实时了解学生在校动态、开拓更多家校互联渠道。浙江省杭州市建兰中学是全国较早成立数据资源部的学校，学校统筹管理各类数据资源，探索"建兰大脑"建设及其初中学校变革行动，而这种机制体现了数字化治理的理念，有助于更好地让数据服务师生及家长。

（二）资源壁垒

　　有效发挥数字化在协同育人中的作用，尚需要搭建学校、社区及社会教育资源的共建共享信息平台。核心是促进各类资源的贯通融合，为每一位教师和学生推送精准教育服务，朝着实现城市中教育资源信息化、管理信息化的方向，创建形式多样的数字化学习城市。浙江省自2021年11月推出的"教育魔方"，是根据教育公共服务行业特征，面向全省所有学校和教育部门设计开发的教育数据感知、共享和计算的基础支撑系统。由阿里云提供技术支持，贯通政务云和各级教育数据中心，并打通浙政钉、浙里办、浙教钉等各类终端，承载省级统建应用、区域学校自建应用等，为教育行政管理者、各级教育局、各类学校及公众提供数字化教育服务。"教育魔方"提供了一个平台统整建设的案例。

　　长三角教育现代化监测结果表明，优质教育数字资源区域内不充分、校际不均衡的现状仍未根本改变。中小学优质课程资源共享覆盖率仍较低，与教育现代化目标要求存在明显差距。线上线下融合教学的方式方法和成效有待完善提升，线上教育教学质量和水平尚未得到充分认可，与人民群众的期待还存在距离。

　　因此，教育数字资源服务供给和数据管理变得至关重要。但当前面临的主要挑战包括：确保数据的隐私和安全、解决教育资源不公平等问题，以及提高系统间的兼容性和集成水平。应对这些挑战需要综合策略，包括政策制定、资源分配、技术投入和人员培训等多方面的努力。

　　随着上海加快建设具有世界影响力的社会主义现代化国际大都市和长三角一体化发展步伐加快，上海超大城市的人口流动性增强，优质教育资源在人才吸引与服务中发挥重要支撑作用，同时，人口出生率与分布发生新的变化，这些都给上海城市教育规划与资源配置带来新挑战。为此，统筹考虑人口变化、产业调整、五个新城发展及长三角一体化发展进程等因素，超前科学规划各级各类学校布局，加强教育资源的优化配置，提高公共教育服务供给的平衡性和充分性及其便利化程度，是教育数字化治理中以综合数据推进教育资源科学分配的重要命题。这对数据管理、数据集成与分析提出新的应对要求。

表 1-5　数据管理和服务供给方面的挑战

方面	挑　战	应　对
数据隐私和安全	伴随着教育数字化的过程，学生和教师的个人信息、学习数据、评估结果等敏感数据越来越多地被电子化处理和存储，相应地增加了数据泄露、不当使用和网络攻击的风险	需要制定严格的数据保护政策，采用加密技术和安全协议，以及对所有涉及数据处理的人员进行数据隐私和安全方面的培训
资源分配	技术和资源分配在各区、各级各类教育、各校之间存在差异，技术接入和资源质量方面的差距将导致受教育机会不公平	需要制定和执行平衡资源分配的政策，确保所有学生都能有机会接受高质量的教育资源
系统兼容性和集成	学校使用来自不同供应商的多种数字化工具和平台，导致系统间的兼容性问题。缺乏有效的技术集成可能妨碍教育管理的效率和资源的最优利用	采用标准化的数据格式和开放的技术架构，以促进不同系统之间的互操作性。同时，培训管理人员以提高他们对新技术的熟悉程度和使用效率

（三）制度壁垒

当前，在打造教育数字基座的过程中，面临着多组织运营的落地困难、多角色的对应困难、量化服务模式的困难、生态构建的困难，以及已有建设平台的整合困难等诸多挑战。

多组织运营落地困难。打造教育数字基座，涉及政府部门、教育机构、企业和社会组织等多个组织的参与。不同组织各自有不同的利益诉求、运营模式和管理体系，导致在教育数字基座建设过程中容易出现资源分散、协同不畅等问题。应对这一困难，各组织需要建立有效的沟通和协作机制，明确各组织在教育数字基座建设过程中的权责分配、任务分工和利益分配等事项。

多角色对应困难。教育数字基座涉及学生、教师、家长、校领导等多个角色。在构建教育数字基座时，需要充分考虑这些角色的需求和期望，包括学生个性化的学习资源和服务需求、教师便捷可用的教学数字化工具和评价系统、家长与学校的沟通渠道、学校领导者全面的管理信息和决策支持。解决这一困难的关键，在于深入了解各角色的需求，建设适应多元化需求的数字基座。

量化服务模式困难。量化服务模式的困难主要表现在：如何根据教育数字基座的实际运行情况，有效衡量其对教育质量和效益的提升。这需要建立一套科学合理的评价指标体系，创设数据收集和分析机制，以支持对数字基座的绩效评估；同时，评估要适应数字基座在不同类型学校、地区和学科等领域的应用差异，根据评估结果，为数字基座的优化和升级提供有针对性的建议。

生态构建困难。教育数字基座，旨在建立一个开放、共享、可持续的数字化应用生态。然而，实现这一目标面临着如何吸引优质资源、激发创新活力、保障数据安全和隐私等挑战。解决这些问题需要制定相应的政策措施，如提供资金支持、技术培训、市场准入等，鼓励企业和社会组织积极参与数字基座建设。同时，还需要加强对数据安全和隐私保护的监管，确保教育数字基座在发展过程中不会损害利益相关方的权益。

已建设平台整合困难。打造教育数字基座，需要充分考虑已有的教育信息化建设成果，如网络基础设施、教育资源平台、教学管理系统等。如何在不影响现有建设成果运行的前提下，将其有效整合到教育数字基座中，是一个需要应对的挑战。解决这一困难需要在技术层面进行创新，实现各类教育信息系统的无缝对接，更需要在管理层面加强协调，促进各方共享资源，实现优势互补。

二、超大城市教育数字化治理中的素养挑战

在加快推进教育数字化过程中，具备数字洞察能力是重要保障。但在教育数字基座建设过程中，用户普遍缺乏足够的数据素养，难以理解和掌握数据分析方法，不善于应用数据分析工具，从而导致数据的价值无法充分挖掘和应用。这就要求通过开展数据素养培训，帮助用户提升对数据分析方法的理解和掌握，从而提高数据洞察能力。同时，数据来源多样、格式不一致、数据质量参差不齐等问题，也会给数据洞察带来困难。应对这一困难，需要建立完善的数据质量管理体系，规范数据采集、整理和存储流程，提高数据质量。此外，如何制定合理的数据保护与隐私政策，确保数据安全使用的同时又充分发挥数据的价值，也是当下面临的挑战。

（一）教师数字素养与技能挑战

2023 年 5 月 29 日，习近平总书记在主持中共中央政治局第五次集体学习时强调，要把加强教师队伍建设作为建设教育强国最重要的基础工作来抓。提升教师素养尤其是数字素养，是抓好基础工作的应有要求。以人工智能、大数据等为代表的新一代信息技术快速发展，迫切要求提升教师数字素养，这对各级各类学校教师角色定位、教学

组织形式、知识获取方式提出新要求。

同时，面对互联网时代给育人带来的机遇和挑战，要推动学校思想政治工作和意识形态工作传统优势同当今信息技术高度融合，核心是如何充分整合网络教育资源，挖掘网络教育资源，培育优秀网络文化品牌，推动网络平台同频共振，不断加强学校思想政治工作网络平台、网络文化和网络教育工作队伍建设，大力构建网络育人质量提升体系，从而牢牢把握网络思想政治工作主导权、主动权、话语权。教师队伍的数字素养，是提高网络育人能力的重要基础。2023年4月联合国教科文组织发布《教师发展工作评估报告》，强调教师是实现联合国可持续发展目标4的重要驱动力，教师有效参与教学改革并实现信息技术与教育教学的深度融合愈加重要。

专栏1-5　教育，构建数字社会的灿烂篇章

"今天，我们是在用数字化和信息化的工具进行工业化时代下的学习，但是现代社会的特点是多样化，只有数字化才能支撑起多样化。"在全国政协委员、上海科技馆馆长倪闽景看来，由于数字化技术在不断发展进步，数字素养也不是静态不变的，而应该是一场终身学习，"不管对于学生还是教师，数字素养的本质都应该是适应数字时代的学习素养"。

在变化的时代保持学习的愿望和能力，是适应数字时代的法则。而对于教育者而言，如果不跟上不断进步的时

代，甚至还可能出现教育者与被教育者数字素养"倒挂"的现象。那么，如何提升教师的数字化素养和能力？

着眼于教师培养培训对教师专业成长的重要性，全国人大代表、北京师范大学教授庞丽娟认为，要推动教师培养培训的数字化转型，就要解决当前优质智慧平台支撑不足、优质学习资源缺乏等问题，通过实施人工智能助推教师队伍建设的"筑基计划"，促进培训内容、研修组织与教育实践"黏合度"不断增强等方式，更好赋能教师专业发展。

资料来源：教育部网，2023 年 3 月 10 日。

在教学改革参与方面，教育数字化治理面临的主要挑战包括：提供充分的教师培训和支持、改革教学方法以适应数字化环境以及平衡教师角色与技术的融合。应对这些挑战的关键，在于为教师提供必要的资源和支持，鼓励他们在保持教学质量的同时，积极探索和应用新的教学工具和方法。

表 1-6　教师素养和改革参与方面的挑战

方面	挑战	应对
教师培训和支持	教师需要适应新的数字教学工具和方法，这可能超出了他们传统的教学和技术能力范畴。缺乏支持会导致教师在应用新工具时感到无效和不适应	需要提供培训，帮助教师熟悉和有效使用数字技术。此外，专业发展和支持系统对于教师不断提高技术应用能力至关重要

（续表）

方　面	挑　战	应　对
教学方法的改革	传统的面对面教学方法可能需要重大调整以适应数字化环境，有效地将技术融入课堂及如何利用技术来增强而不是替代传统的教学是一大挑战	鼓励和培训教师采用新的教学方法。同时，还要提供实践指导和案例研究，帮助教师理解在不牺牲教学质量的前提下有效地利用技术
教师与技术的融合	技术不应该完全取代教师的角色，而是应该作为增强和辅助的工具；在充分利用数字工具的同时维持教师在教学过程中的核心作用是一个挑战	培养教师使用技术工具提高教学效果的能力，包括理解如何在课堂上有效地使用技术，以及如何结合传统教学方法和数字工具来提高学习成效

在开展学习测评方面，同样面临教师数字化素养的挑战。促进学生学习，教师的重要职责是及时科学地开展学习过程与结果测评。随着云技术、大数据、VR 等新科技的崛起，其蕴含的巨大的变革力和想象力催生了新的教育形态。发展趋势是从传统教育机构，转向混合、多样化和复杂的学习格局，需要能够支撑和服务每个学习者实现泛在学习的环境与体系。在支持学生学习测评方面，教育数字化治理面临的主要挑战包括：实现个性化学习、确保测评的有效性和准确性以及提高学生和教师的技术适应性。应对这些挑战需要创新的技术解决方案、教学方法的调整，以及适当的技术培训和支持。

表 1-7　学习测评与技术支持方面的挑战

方　面	挑　战	应　对
个性化学习的实现	传统教学模式的大多数课程是为所有学生统一设计，忽略了个体差异。实现个性化学习需要复杂的算法和大量数据，以及对不同学生学习方式、能力和需求的理解	开发智能学习系统，利用人工智能技术和学习分析来定制个性化的学习路径和内容。同时，教师需要接受培训，以便更好地理解和应用这些工具来支持学生的个性化学习

（续表）

方面	挑　　战	应　　对
测评有效性	数字化的测评可能面临诚信问题，作弊行为更难以控制。此外，传统的评估方法可能不适用于数字化学习，需要开发新的评估工具	开发新的评估方法（如基于人工智能的测试系统）及更加注重学生的理解和应用能力的评估方式。同时，要培养学生的诚信和自我评估能力
技术适应性	学生和教师需要适应新的学习和评估工具，要求他们具备一定的技术能力。对于缺乏必要技术基础的学生和教师来说，将会是一个挑战	为学生和教师提供必要的技术培训和支持。学校可以设立专门的技术支持团队，以帮助解决学习过程中遇到的技术问题

（二）市民数字技能与学习挑战

基于上海超大城市人口特点与市民学习需求日益增长，实现更高水平、更高质量教育现代化，其重要指标是促进全民终身学习。联合国主要国家政府首脑在纽约联合国总部举行会议通过的《变革我们的世界——2030 年可持续发展议程：17 个目标》突出了教育的重要作用，强调教育是一项独立的目标，具体描述为"确保包容性和公平的优质教育，促进全民享有终身学习机会"。

统计数据显示，2022 年上海市 60 岁及以上户籍老年人口 553.66万人，占户籍总人口的 36.8%；65 岁及以上户籍老年人口 424.40 万人，占户籍总人口的 28.2%。上海已步入重度老龄化阶段，这给提高老年教育参与程度带来挑战。根据监测，目前经常性参与教育活动的老年人占比等方面的指标距离监测目标还存在差距。因此，充分利用大数据、人工智能等信息技术，构建网络化、数字化、个性化的终身教育体系，多渠道扩大终身教育资源、满足多样化个性化学习需求，是上海超大城市教育数字化治理现代化水平提升面临的挑战。

专栏1-6　如何消除数字鸿沟　让老年人共享数字生活?

不少老年人对智能设备的操作一知半解，智能手机和平板电脑对他们来说，更像是高科技的"黑盒子"；支付软件、出行导航等，也是老年人的使用盲区。

更为严峻的是，老年人在网络空间的安全意识相对薄弱，个人信息保护能力不足，网络诈骗分子正是瞄准了这一点，将老年人视为易于下手的目标。据统计，近年来涉及老年人的网络诈骗案件数量呈上升趋势。

不会使用电子产品，也增加了老年人在社会上的被孤立感，尤其在他们经常接触的医疗健康领域。比如，在线预约挂号、远程医疗服务，这些虽然方便，但对老年人来讲却是更大的挑战。

如何消除科技带来的鸿沟，让老年人共享美好数字生活呢？这也是积极应对人口老龄化的必答题。为此，上海在多个领域进行了探索。

从2024年5月下旬开始，上海市委网信办联合各部门、各区、各级全民数字素养与技能培训基地，针对老年人群体开展了形式多样的数字技能培训活动，还特别设置了"数字助老伙伴计划"，鼓励年轻人与老年人结对，通过这种交流，帮助老年人更快融入数字生活。

另外，由上海市委网信办主办，2024 年上海市全民数字素养与技能提升月活动，也于近日落下帷幕，共组织了 3100 多场活动，重点围绕老年人、青少年等人群开展一系列培训。在这些活动中，老年人学习了如何使用智能手机、电脑等设备，并掌握了网上购物、在线支付等网络应用的基本知识，同时也提高了老年人的信息安全意识，帮助他们规避网络诈骗等风险。

除了政府积极推进，上海的老年大学也在助力老年人融入数字生活，通过精心策划的课程体系，激发他们对现代科技的热情与好奇心。近期，大学专门推出了 26 门智能技术应用课程，比如 AI 应用、数字旅游、数字购物等，一经发布便受到老年人们的喜爱，许多课程瞬间被抢报一空。短视频制作与摄影基础新班，尤其受到欢迎，它们教会了老年人如何用镜头捕捉生活的美好瞬间，并通过创意编辑讲述自己的故事。

如今，在上海，随着区级老年大学到街镇老年学校，再到居村委学习点，三级教育体系的完善，老年人们获取教育资源的途径和质量正逐步提升。

资料来源：央广网，2024 年 7 月 13 日。

同时，随着上海建设具有全球影响力的科技创新中心，具备科学素质的公民比例仍需进一步提高，着力提升青少年科学教育水平，激发青少年科学兴趣，增强科学探究的意识与能力。为此，构建青少年科学教育的良好生态，提供便利丰富的数字化资源与环境支持，显得愈加重要。

在全民终身学习支持方面，教育数字化治理中面临的主要挑战包括：确保学习内容的持续更新和相关性、提高学习材料的可访问性和包容性以及激发和维持学习者的学习动机和自我指导能力。解决这些挑战需要灵活的课程设计、易于访问的学习平台和资源以及支持学习者自主学习的工具和社区。

表 1-8　终身学习的挑战

方面	挑　　战	应　　对
内容的持续更新	终身学习要求内容不仅要紧跟时代发展，还要适应学习者的需求。随着知识和技能需求的快速变化，维持内容的实时更新和相关性是一大挑战	建立灵活的课程更新机制，确保教育内容与产业发展、技术发展和市场需求保持一致；要涵盖广泛的主题和技能，以适应不同学习者的需求
可访问性和包容性	确保各种背景和能力的学习者都能平等地访问教育资源。对于那些可能缺乏数字技能或设备的学习者来说，具有挑战性	设计易于使用的学习平台，以降低技术障碍；提供多种格式和接收方式的材料，以确保无论学习者的地理位置、经济状况或技术能力如何，都能访问
学习动机和自我指导	激发和维持成人学习者的学习动机，尤其是在没有外部压力的自主学习环境中，是一个挑战。此外，自我指导学习需要具备自我管理和规划能力	提供灵活的学习路径和自我调节的工具，以促进自我指导学习。同时，通过搭建在线社区和支持系统，为学习者提供动力和支持

在建设面向人人的学习型社会过程中，正视数字化技术对教育的负面和不确定性影响不容忽视。根据国际经验，教育数字化转型有积极的一面，但也需要考量其潜在的负面和不确定性影响，并寻找平衡

点，唯技术论和去技术化都是不可取的。

负面影响：技术可能导致排斥，加剧不平等，依赖风险，需要政府监管来保护学习者，以及可能加剧数字贫困；人工智能的广泛应用在教育领域引发了对教学方法、组织结构、可获得性、伦理规范、公平性和可持续性的关注；技术也不是意识形态中立的，可能展示某些世界观和思维方式。

不确定性：技术可以提高教学质量和学习基本技能，但需要基于证据来引入，以确保其适当、公平、可扩展和可持续；人工智能在提高学习效果方面的具体表现仍然不确定，且其长远影响和终极效果也是未知的。

表 1-9　数字化技术对教育的负面和不确定性影响

观点来源	负面影响	不确定性
《全球教育监测报告——技术运用于教育》（2023 年）	• 技术可能导致排斥，对某些学习者而言，它可能是无关紧要、繁重甚至有害的。 • 存在对技术的依赖风险，以及技术在教育中的使用可能加剧不平等。 • 需要政府确保适当的条件，为所有人提供公平的教育机会，并对技术使用进行监管，以保护学习者免受其负面影响	• 虽然信息和通信技术有潜力支持平等和包容，促进与弱势学习者的接触，并以引人入胜且经济实惠的方式传播知识，但其积极作用并不总是确定的。 • 技术可以提高教学质量和学习基本技能，同时支持管理并提高效率，帮助处理更大量的教育数据。 • 在引入技术到教育中时，应基于证据表明其适当、公平、可扩展和可持续，且其使用应符合学习者的最佳利益，并与教师的面对面互动相辅相成

（续表）

观点来源	负面影响	不确定性
《人工智能与教育政策制定者指南》（2021年）	• 人工智能在教育领域的应用涵盖了面向学生的支持工具、面向教师的教学辅助工具，以及面向教育机构管理的系统。这种广泛的应用带来了对教学方法、组织结构、可获得性、伦理规范、公平性和可持续性的关注。为了实现自动化，需要全面深入地了解相关工作和其潜在影响，这表明人工智能可能会在教育领域引发一系列复杂的问题	• 过去十年间，使用人工智能工具来支持或加强学习的做法呈现出指数级增长，特别是在新冠肺炎疫情期间。然而，人工智能在提高学习效果方面的具体表现以及它是否有助于深入探析有效学习背后的机制，目前掌握的证据仍然很少。很多关于人工智能在教育领域应用具有革命性潜力的说法建立在猜想、推测和乐观主义的基础上，这表明虽然对人工智能在教育中的积极作用有高度的期望，但其实际效果和长期影响仍然是不确定的
《人工智能时代的教育》（2023年）	• 数字技术的出现可能加剧数字贫困。例如，在2019年新冠疫情期间，全球有31%的学生无法进行线上学习。 • 机器教学的风险在于，人工智能可能导致教育工作者需要调整他们的教学方法来适应自动化技术，从而可能机器人化教师的角色。人工智能可以协助规划课程、准备材料、向学生提供反馈和批改作业，但这可能减少了教师的创造性和人性化的教学方法	• 数字技术提供了实际的机会，可以触及边缘化、残疾学习者以及来自语言、文化少数群体的学习者，并促进个性化学习，提高学校系统的灵活性。然而，新技术的出现也迫使我们重新定义人类智能的独特性，对我们学习的内容、方式甚至目的产生了深远的影响。这表明虽然数字技术在教育上有潜在的正面影响，但其长远的影响和终极效果仍然是不确定的

第二章
全球教育数字化治理变革趋势与经验借鉴

数字技术的重大进步正在迅速改变世界，数字化教材、学习管理系统、语言应用软件、增强和虚拟现实、个性化辅导和测试系统已经在教育行业得到广泛的应用，给教育行业带来了许多变化。根据全球教育智库 Holon IQ 发布的全球教育科技市场规模的报告[1]，从2019年到2025年，教育科技支出年复合增长率将达到16.3%，支出从2019年的1830亿美元增长到2025年的4040亿美元，教育科技支出占教育总经费的比例从2019年的3.1%增长到2025年的5.5%。

对标国际最高标准、最好水平，是上海超大城市教育数字化治理现代化的内在要求。了解欧美主要发达国家及国际组织推进教育数字化的新倡议、新政策、新进展，提炼教育数字化发展规律、转型特征与趋势，能够为上海推进教育数字化治理提供借鉴与启示。

---

[1]《全球教育科技市场规模的报告》，Holon IQ 网，2021年2月23日。

第一节 教育数字化治理的国际组织倡议

联合国教科文组织、经济合作组织、欧盟等国际组织在全球教育数字化治理中扮演重要角色，其通过制定全球性或区域性的行动框架、标准与指南、政策建议，以及分享推广最佳实践案例、促进国际比较研究与国际合作等，推动全球教育数字化治理。

一、联合国教科文组织

联合国教科文组织（UNESCO）在推动教育数字化转型方面设定了多项目标和指标。这些目标旨在促进教育机会的平等、提升教学质量、鼓励合作创新、改善行政管理效率，以及增强社会服务能力。

促进教育机会的平等：利用信息通信技术（ICT）提高获取高质量高等教育的机会；建立一个灵活、综合、高效且可负担的教育生态系统；融合社交媒体工具支持非学术服务的获取，比如灵活的时间安排和个人化学习进度。

提升教学质量：采用技术驱动的教学法，利用学生学习数据分析来提供个性化反馈和支持；创建积极的学习环境，以不同方式连接学生与学习资源；以较低成本向所有学生提供个性化的学习体验和高质量资源。

鼓励合作创新：提高带宽和计算能力以支持大型数据集的处理；连接全球各地的研究团队进行协作；结合通信技术和数字图书馆以改善学术资源的获取。

改善行政管理效率：在高等教育机构中使用 ICT 提高学术服务

的效率；简化行政流程，如学生注册和入学手续；减少文书工作和人工记录的需求。

增强社会服务能力：利用 ICT 支持大学、产业和政府之间的合作；促进知识和技术的有效转移，推动经济增长；制定战略以支持本地 ICT 创新者的成长和发展。

《教育 2030 行动框架》是目前联合国教科文组织最具影响力的倡议。2015 年 9 月，联合国可持续发展峰会审议通过《变革我们的世界：2030 年可持续发展议程》，确立以可持续发展目标为核心的工作纲领，从社会、经济和环境维度提出了 17 个可持续发展目标和 169 个子目标。其中可持续发展目标 4（SDG4）则重审了《仁川宣言》（*Incheon Declaration*）中所强调的面向 2030 年实现"确保包容、公平、优质的教育，促进全民享有终身学习机会"的教育发展目标。依据教育 2030 发展目标，联合国教科文组织发布了《教育 2030 行动框架》，明确了教育 2030 可持续发展目标 4 的愿景、理念和原则，确立了全球教育的总体目标和相关的 7 个具体目标（中小学教育、幼儿教育、职业技术教育和高等教育、工作技能、教育公平、成人扫盲、可持续发展和全球公民意识）、3 个实施措施（教育设施和学习环境、奖学金、教师）及指示性策略，并提出一个协调全球教育发展的结构，以及管理、监测、跟踪和审查机制。

《教育 2030 行动框架》特别强调全球公民的数字素养和技能及其比较测量。联合国教科文组织在数字素养发展方面发挥了引领性作用，将数字素养视为支持 2030 年全球可持续发展议程目标 4 实现的重要力量，发布"数字素养全球框架"（DLGF）及评估建议，强调通过政策制定和实施、教育和培训系统的能力建设及教育信息化来提升人们的数字素养。

　　数字素养全球框架由联合国教科文组织于 2019 年发布。这一框架是在深入研究数字素养内涵及其重要性后提出的，旨在帮助各国和各类教育机构提升学习者的数字素养，使他们能够更好地适应数字化社会的需求和发展。此外，2019 年 11 月 25 日，联合国教科文组织大会第 40 届会议宣布全球媒介和信息素养周为官方活动，这也间接表明了该组织在 2019 年对数字素养的重视。

　　基本操作技能：使用计算机和互联网的基础知识。

　　信息与数据素养：搜索、评估、组织和创建信息的能力。

　　沟通与协作：通过数字环境进行有效沟通和合作的能力。

　　内容创建：利用技术和媒体工具创造和分享内容的能力。

　　安全意识：在网络环境中保护个人信息和隐私的知识。

　　问题解决能力：解决技术问题和利用数字资源应对挑战的能力。

　　另外，联合国教科文组织积极推进全球学习型城市监测指标研究与应用。UNESCO 于 2012 年发布了"全球学习型评价指标体系初步框架"，这是一份凝聚了全球关于学习型城市建设广泛经验共识的指标体系，引起了各方的广泛关注，许多国家根据自身的实际情况对此进行了领会、解读与运用，提出了应用于实践的具体指标体系。学习型城市评价指标体系初步框架，呈现关注线上学习、应用现代技术等特点。

表 2-1　UNESCO 初步评价指标体系（UNESCO，2012）

一级指标	二级指标	三级指标	
1. 目标定位	1.1 个人增权、社会凝聚	1.1.1 成人识字率 1.1.3 平均寿命 1.1.5 贫富差距 1.1.7 （经济）性别平等 1.1.9 对公立学校的支持	1.1.2 预计受教育年限 1.1.4 公民参与 1.1.6 （政治）性别平等 1.1.8 校园安全

（续表）

一级指标	二级指标	三级指标	
1. 目标定位	1.2 文化、经济繁荣	1.2.1 扶持民办学校 1.2.3 研究和发展 1.2.5 艺术/文化/体育支出 1.2.6 文化活动参与 1.2.8 犯罪水平 1.2.10 外商投资	1.2.2 人均国内生产总值 1.2.4 创业经商便捷 1.2.7 体育活动参与 1.2.9 事业状况 1.2.11 文体场所
	1.3 可持续发展	1.3.1 市民意识 1.3.3 空气污染 1.3.5 公共交通 1.3.7 环境影响	1.3.2 绿色空间 1.3.4 能源消耗 1.3.6 垃圾管理
2. 主要支柱	2.1 学校教育	2.1.1 初等教育参与 2.1.2 中等教育参与（男/女） 2.1.3 非传统学生的高等教育 2.1.4 学习能力缺失（者） 2.1.5 学前教育 2.1.7 国际学生	 2.1.6 高等教育百分比 2.1.8 特殊支持
	2.2 社区学习	2.2.1 基础设施 2.2.3 边缘群体参与 2.2.5 学习成效	2.2.2 参与 2.2.4 公共投入
	2.3 工作场所学习	2.3.1 学习型组织 2.3.3 雇主承付 2.3.5 与教育机构的伙伴关系	2.3.2 雇员参与 2.3.4 失业人员培训
	2.4 现代学习技术应用	2.4.1 学校接通互联网 2.4.3 家庭接通互联网 2.4.5 社区接通互联网	2.4.2 学校使用计算机 2.4.4 职场的学习技术 2.4.6 开放与远程教育
	2.5 学习品质	2.5.1 教师的胜任程度 2.5.3 学习者间的友好相处环境 2.5.4 各种品质教育 2.5.6 毕业生的就业能力	2.5.2 特殊学习支持 2.5.5 学习成果评估 2.5.7 毕业生的工作业绩
	2.6 终身学习文化	2.6.1 倡导学习 2.6.3 开放灵活的学习环境 2.6.4 认可和奖励 2.6.6 公共图书馆	2.6.2 信息和服务 2.6.5 家庭图书的利用

（续表）

一级指标	二级指标	三级指标	
3. 基本条件	3.1 政策规划	3.1.1 政策战略 3.1.3 社会支持 3.1.5 其他资源	3.1.2 组织领导 3.1.4 公众宣传
	3.2 利益相关者的参与	3.2.1 合作机制 3.2.3 推进政策 3.2.5 定期监督和评估	3.2.2 参与 3.2.4 关注市民需求
	3.3 资源调动与整合	3.3.1 资金投入 3.3.3 利益相关方的贡献 3.3.5 社团和智力资源	3.3.2 外部资金 3.3.4 弱势群体的补贴 3.3.6 国际合作

围绕教育数字化治理，联合国教科文组织还搭建全球教育资源平台，开展跨国教育项目、教育创新合作项目。这些平台和项目通过跨国合作，促进了教育理念和方法的创新。

全球教育资源平台：全球教育资源平台通过整合和共享各国教育资源，提升了教育资源的利用效率。联合国教科文组织的全球教育资源共享平台（Global Education Resources Sharing Platform）是一个旨在促进教育资源的自由访问和共享的在线平台。该平台提供丰富的教育材料，包括教材、课程、研究报告和多媒体资源，覆盖从基础教育到高等教育的广泛领域。通过该平台，教师、学生和教育工作者可以无偿访问和使用这些资源，推动全球教育公平和优质教育的普及。

跨国教育项目：跨国教育项目通过国际合作，推动了教育资源的流动和共享。联合国教科文组织的全球学习城市网络（Global Network of Learning Cities，GNLC）是一个促进终身学习和可持续发展的国际平台。该网络汇集全球致力于通过教育、学习和社区发展提高市民生活质量的城市，旨在推动城市之间的知识共享和最佳实践交流，以实现包容性和公平的高质量教育及终身学习机会。GNLC 鼓励各城市在可持续发展目标的框架内，制定和实施创新的教育政策和项目。

全球教育创新计划：联合国教科文组织发起的全球教育创新计划（Global Education Innovation Initiative）是由一项全球性项目，旨在通过创新的教育方法和工具，提升全球教育质量，促进教育公平性。该计划聚焦于开发和推广教育技术、教学方法创新以及教育管理改进，旨在应对全球教育面临的挑战。计划主要内容包括与全球技术公司和教育机构合作，开发适用于不同教育环境的数字工具和资源；为教师提供专业发展机会和培训，提升他们在现代教育环境中的教学能力；通过国际研讨会和交流项目，促进全球教育工作者之间的经验和最佳实践的分享。

二、经济合作组织

经济合作与发展组织（OECD）作为世界范围内具有重要影响的经济组织，在包括教育数字化在内的教育领域的指标监测对成员国产生重要影响。

为了协助各国政府实施联合国教科文组织的教育 2030 行动目标，OECD 基于可持续发展目标的全球指标框架，利用联合国和经合组织的数据，对经合组织成员国在 2030 年议程目标和指标方面的表现进行了高水平评估。报告评估了经合组织国家为实现可持续发展目标所达到的程度，同时考虑到这些趋势可能受到 2019 年新冠疫情的影响。报告通过对各国在可持续发展目标中表现的优势和劣势进行概述，支持成员国在广泛的 2030 议程中制定自己的行动优先事项并评估和监测 2030 议程的实现情况。

OECD《通往 2030 年的曲折之路——实现可持续发展目标的距离》(*The Short and Winding Road to 2030: Measuring Distance to the SDG Targets*) 报告，对照《2030 年可持续发展议程》中 17 项可持续发展目标和 169 项具体目标，采用联合国和经合组织的数据，对经合组织成员国在国家层面实现 2030 年议程目标和目标的绩效进行了高级别评估。

一是总体目标实现不容乐观。在教育目标方面，《2030 年可持续发展议程》呼吁各国确保包容和公平的优质教育，为所有人提供终身学习机会。但此次评估报告指出，经合组织国家并不能确保到 2030 年实现教育目标，因为目前有太多儿童、青年和成年人缺乏成为参与公民和过上更好生活所需的基本技能。一方面，教育方面的不平等现象在生命早期就开始了，并由于包括社会经济背景、性别和地理位置在内的若干不同因素而趋于累积。另一方面，前所未有的 COVID-19 迅速蔓延带来的卫生危机对教育系统产生了重大影响。物理空间的封锁，中断了各级教育，大多数经合组织国家的学校、大学和培训设施在全国范围内关闭。在此期间，经合组织国家的教育系统为保持学习连续性作出了重要努力，特别是通过使用数字技术的远程学习，但儿童和学生不得不更多地依靠自己的资源继续远程学习。然而，弱势的学生需要更多的个性化的支持；不富裕的家庭不一定有足够的设备条件，导致只有较低的网络连接和获取数字材料的机会；职业教育和培训等一些方案尚不太适合远程开展，不仅基于工作的学习很难在虚拟环境中复制，而且由于限制措施和经济放缓，许多雇主也削减了提供学徒制的数量；教师使用新技术和方法也面临挑战，有待更充分的培训。

二是单项目标实现困难重重。在具体目标实现的预测上，报告认为，按照目前的趋势，经合组织国家到 2030 年将无法确保所有学生在校期间都能达到基本的学习标准，包括教育的数量（通过完成率）、质量（通过对学生阅读和数学能力的衡量）等。在确保所有儿童都能享受优质幼儿教育和照顾的目标实现上，虽然大多数经济合作与发展组织（OECD）国家预计将取得（或保持）非常高的入学率，但有 9 个国家在幼儿教育和保育（ECEC）的入学率方面没有任何进展（其中一些国家，如斯洛伐克、美国、日本、匈牙利和捷克，甚至出现下降）。有关高质量技术和职业教育及培训（TVET）和高等教育的目标，平均而言，OECD 国家约有一半的青年和成年人在过去 12 个月内接受了正规或非正规教育和培训，但国家之间存在很大的差距。接受高等教育的学生人数在过去 20 年持续增长，预计将持续增长至 2030 年，但进展不均衡，虽然 11 个经合组织国家的参与率正在取得进展或创下新高，但 13 个国家的参与率稳定在较低水平或正在下降。在信息和通信技术技能的衡量上，总体而言，经合发组织国家中大约 3/5 的被认为离实现 ICT 技能水平的目标不远，但预计没有一个国家能在 2030 年完全实现这些目标。在消除教育方面的性别差距、确保弱势者平等获得各级教育和职业培训目标方面，2018 年，没有一个经合组织国家能够防止社会经济不平等影响教育结果，除了性别不平等外，其他领域的不平等现象在过去十年没有减少。在确保大多数成年人达到读写和计算能力（97% 的成年人在读写或计算能力方面达到最低水平以上）方面，在大多数经济合作与发展组织国家，低技能的成年人占人口的很大比例。

该报告认为，尽管包容和公平的优质教育是实现可持续发展的关键，但没有一个经合组织国家有望在 2030 年前实现有关优质教育的所有具体目标。除了识字和计算技能外，发展信息和通信技术技能在日常生活的各个方面都是不可或缺的，从劳动力市场到获取服务，自疫情大流行暴发以来更是如此。在大多数经合组织国家，大多数年轻人和成年人缺乏 ICT 技能。这场公共卫生危机凸显了数字化的一些关键障碍，包括开展在线培训所需的足够的数字技能、计算机设备和互联网接入，以及在线执行传统工作的困难。不过，新冠疫情的此次大流行也可能导致数字技能的提高。

经济合作与发展组织开展的国际学生评估项目（PISA）是一个定期进行的国际性教育评估项目，旨在评估 15 岁学生的阅读、数学和科学能力。随着时间的推移，PISA 也开始关注教育中的数字化方面，并且逐渐将其纳入评估体系中。PISA 关于教育数字化的监测内容主要包括：

数字化阅读素养：PISA2018 将阅读文本的范围扩展到了数字化文本，这意味着学生需要能够理解和处理电子文档、网页和多媒体材料等内容。学生们需要展示他们如何筛选、评估和综合来自不同来源的信息。

评估能力：强调学生不仅需要理解信息，还需要能够批判性地评估信息的准确性和可靠性。

数字学习能力：PISA2025 计划将数字学习能力引入评估项目中，这可能意味着会更加注重学生如何利用数字工具和技术进行学习，以及如何在数字环境中解决问题。

技术使用习惯：调查学生使用技术的习惯和频率，以及这些习惯如何影响他们的学习成果。

信息技术设备的可用性和接入情况：考查学生家庭和学校中的数字设备的可用性，以及学生是否有稳定的互联网接入。

数字伦理与安全：包括了解学生是否接受过网络安全和隐私保护方面的教育。

教师和学校的数字准备度：评估教师是否具备教授数字技能的能力，以及学校是否拥有支持数字化教学的基础设施。

教育公平：考虑到数字鸿沟的存在，PISA 也可能监测不同背景的学生在获得数字资源和支持方面的差异。

PISA 的上述监测内容反映了全球化背景下教育发展的趋势，尤其是随着技术进步和数字化转型的需求日益增加，PISA 也在不断调整其评估重点以反映新的教育挑战和机遇。

由于 OECD 在 PISA 中发现，教师是所有影响学生发展的学校因素中最重要的因素，因此研发实施了教师教学国际调查（Teaching and Learning International Survey，TALIS）项目。TALIS 是由 OECD 主导的一项全球性调查，收集和分析有关教师工作环境、教学实践和职业发展的详细数据。TALIS 项目的核心目标是为教育政策制定者提供基于证据的数据支持，帮助提升全球教育质量，改进教学实践，并促进教师的职业发展。TALIS 首次于 2008 年启动，每五年进行一次，目前已完成三轮调查。该项目覆盖全球数十个国家和地区，收集了大量关于教师和校长工作条件、教学方法、职业满意度和专业发展的信息。TALIS 的调查结果已被多个国家用于教育改革，显著提升了教师职业的可持续性和吸引力。通过对比分析，TALIS 帮助各国了解自身教育系统的全球定位，并制定针对性的改进措施。TALIS 项目将继续扩展其覆盖范围，纳入更多国家和地区以进一步丰富其数据集。未来的调查将更加关注新兴教育技术、教师心理健康和工作生活平衡等重要问题，以应对现代教育面临的新挑战。TALIS 关于教师的数字素养与技能，特别强调：

技术整合：教师如何在日常教学活动中整合数字技术。学校为教师提供的技术支持和资源。教师使用数字工具进行备课、授课、评估等方面的实践。

数字资源和工具：学校和教师获取和使用数字教育资源的情况。数字化教材和在线课程的使用频率。教师对现有数字工具和资源的满意度。

教师的专业发展：教师参与数字技术相关的专业发展活动的程度。支持教师提升数字技能的培训机会。教师对于进一步提升自己数字素养的兴趣和需求。

学校政策：学校层面有关教育技术使用的政策和指导方针。教育技术在学校政策中的优先级。对于技术使用的规划和目标设定。

基础设施和支持：学校的硬件设施（如电脑、平板电脑、互动白板等）。网络连接的质量和可靠性。技术支持团队的有效性和可用性。

数字伦理与安全：教师对学生网络安全和隐私保护的教育。学校对于数字伦理和负责任使用技术的态度。

远程教育和混合学习：特别是在疫情期间，TALIS 可能会调查教师和学校如何适应在线教学模式。教师对远程教育和混合学习模式的看法和体验。

数据驱动的教学：教师如何使用学生数据来改进教学策略。数据分析工具的使用和教师的数据素养。

教师队伍的稳定性：教师对使用数字技术的态度和满意度如何影响他们留在教学岗位上的意愿。

跨文化比较：不同国家和地区之间教师使用技术的差异。国际间在教育数字化方面的最佳实践。

第二节　国际大都市圈的教育数字化治理

全球教育数字化发展呈现出多样性和复杂性，发达国家在教育数字化治理方面展现出多种动向，展示了推动教育数字化转型过程中采取的一系列措施，以及对新兴技术和教育模式的积极探索。更为值得关注的是，许多国际大都市都将教育数字化治理作为推动教育改革和发展的重要战略。国际大都市通过先进的技术应用和创新的教育模式，积极推动教育数字化治理，实现了教育体系的现代化和高效化。深入分析全球范围内主要国际大都市在教育发展战略中如何重视和实施数字化治理，探讨其成功经验和实践路径，可为我国超大城市的教育数字化治理提供借鉴和参考。

一、纽约大都市圈

纽约大都市圈，不仅是美国最大的都市圈之一，也是全球经济、文化、金融和教育的重要中心。它在全球范围内具有广泛的影响力，高等教育集群发展、大学与城市创新深度互动特点鲜明，因此其在教育数字化治理方面的实践和经验值得关注。

（一）纽约大都市圈概况

　　纽约大都市圈位于美国东北部，涵盖了纽约市及新泽西州、康涅狄格州和宾夕法尼亚州的部分地区。这一广阔的区域包括了五个主要的行政区域：纽约市（曼哈顿、布鲁克林、皇后区、布朗克斯和斯塔滕岛）、北新泽西、长岛、哈德逊河谷和康涅狄格州西南部。总面积约为 33670 平方千米，纽约大都市圈不仅是美国最大的城市群之一，也是全球最具影响力的都市圈之一。

　　纽约大都市圈地处大西洋沿岸，拥有得天独厚的地理优势。地理位置的优越性使纽约成为国际贸易和金融的中心，同时也为其教育、文化和科技的发展提供了有利条件。纽约大都市圈是世界上人口最多的城市群之一，总人口超过 2000 万，约占美国总人口的 6.5%。其中，纽约市的人口超过 800 万，是美国人口最多的城市。纽约大都市圈不仅人口众多，且具有人口的多样性和高密度特点，汇聚了来自世界各地的移民和文化，是一个真正的全球化都市圈。

　　经济方面，纽约大都市圈是全球最重要的经济中心之一。其经济总量在全球都市圈中名列前茅，拥有世界最大的股票交易市场——纽约证券交易所，以及纳斯达克股票市场。金融业、保险业和房地产是纽约大都市圈的支柱产业，此外，传媒、科技、医疗和教育等行业也高度发达。纽约市的曼哈顿区被誉为"世界的金融中心"，汇集了众多全球顶级金融机构和企业总部。纽约大都市圈的经济高度发达，人均收入水平居全球前列，区域内的企业和居民对教育、科技和创新的需求和投入也非常高。强大的经济基础和多样化的产业结构为教育数字化提供了坚实的保障和广阔的发展空间。

　　纽约大都市圈拥有丰富的教育资源和世界一流的教育设施，是全球重要的教育和学术中心之一。区域内集中了许多著名的高等教育机构，如哥伦比亚大学、纽约大学、普林斯顿大学、耶鲁大学和康奈尔大学等，这些大学不仅在学术研究方面享有盛誉，还在全球教育领域具有重要影响力。纽约大都市圈还拥有庞大的 K-12 教育体系，包括数千所公立和私立中小学。纽约市教育局（NYC Department of Education）是全美最大的公立学校系统，服务于超过 110 万名学生，致力于提供高质量的教育和公平的教育机会。区域内的中小学普遍注重学生的全面发展，提供丰富的课程和课外活动，并不断推动教育数字化和信息化的进程。纽约大都市圈的教育设施也非常完善，学校配备了现代化的教学设备和先进的科技设施，为教师和学生提供了良好的教学和学习环境。图书馆、实验室、体育场馆和艺术中心等教育设施齐全，为学生的全面发展和素质教育提供了坚实保障。

（二）纽约大都市圈教育数字治理特点

纽约大都市圈在教育数字治理方面的做法特点是对创新、安全和效率的承诺。通过利用先进技术和促进关键利益相关者之间的合作，该地区继续提升其教育环境，为数字未来培养学生，同时保持高标准的安全性和可访问性。

教育数字治理举措：纽约州 IT 领导论坛和纽约数字政府峰会是汇聚州和地方政府 IT 领导者的重要活动，讨论最佳实践、挑战和数字治理创新。作为大都市圈的核心，纽约市在教育治理数字化方面取得了显著进展。纽约市教育局实施了各种平台和工具，以简化行政流程并提高学习成果。通过使用数据分析和自动化流程，做出明智的决策、改善资源分配和更有效地跟踪学生表现。

创新教育平台：纽约市立大学（CUNY）系统内的雷曼学院在教育增强方面开创了数字平台的使用。雷曼 360 是一个全面的数字平台，因其创新的方法将各种教育服务整合在一起而获得认可，为学生提供统一的界面，以访问学术记录、资源和支持服务。这个平台展示了数字工具如何简化学生体验和行政功能。

医疗和教育的交叉：纽约大都市圈的数字治理还延伸到医疗和教育的交叉领域。纽约长老会医院与康奈尔医学院和哥伦比亚大学合作，利用数字健康平台支持远程医疗和医学生的虚拟学习。这种整合确保了医疗专业人员接受最新技术的培训，准备应对现代医疗实践中的挑战。

网络安全和数字素养：确保数字平台的安全是纽约州教育部的主要关注点。首席信息安全官（CISO）负责实施强大的网络安全措施，以保护敏感的教育数据。此外，还努力提高学生和教育工作者的数字素养，确保他们能够安全有效地使用数字工具。

二、伦敦大都市圈

伦敦大都市圈是欧洲科技创新的中心之一，许多初创企业和大型科技公司都在此设有研发中心，为教育技术创新提供了丰富资源和技术支持。政府推出了一系列政策和项目来促进教育技术的应用和发展。尽管伦敦在教育数字化方面取得了显著进展，但仍存在数字鸿沟问题，在社会多样化背景下提升师生数字素养成为关注的重点。

（一）伦敦大都市圈概况

伦敦大都市圈位于英格兰东南部，涵盖了伦敦市以及周边多个县和地区，包括肯特郡、萨里郡、赫特福德郡、埃塞克斯郡、白金汉郡和伯克郡等，总面积约为 8382 平方千米。伦敦大都市圈不仅是英国的政治、经济和文化中心，也是全球最重要的国际都市圈之一，拥有举足轻重的地位。伦敦市作为大都市圈的核心，划分为 32 个自治市和 1 个城市，周边区域与伦敦市共同构成了一个高度城市化和人口密集的区域。

伦敦大都市圈是欧洲人口最为稠密的地区之一，总人口超过 1400 万，占英国总人口的约 20%。伦敦市本身人口约为 900 万，是欧洲人口最多的城市之一。伦敦大都市圈的人口不仅数量众多，而且非常多元化，汇聚了来自世界各地的移民，形成了一个多元文化交汇的国际大都市。

经济方面，伦敦大都市圈是全球最重要的金融和商业中心之一。其经济总量在全球都市圈中名列前茅，拥有全球最大的金融服务产业。伦敦证券交易所是世界上最古老且最具影响力的证券交易所之一，吸引了大量国际投资者。金融业、保险业、房地产和商业服务是伦敦大都市圈的支柱产业。此外，伦敦在科技、创意产业、旅游业和教育等领域也具有强大的竞争力和影响力。伦敦大都市圈的人均收入水平居全球前列，区域内的企业和居民对教育、科技和创新的需求和投入也非常高。强大的经济基础和多样化的产业结构为教育数字化提供了坚实的保障和广阔的发展空间。

伦敦大都市圈拥有丰富的教育资源和世界一流的教育设施，是全球重要的教育和学术中心之一。区域内集中了许多著名的高等教育机构，如牛津大学、剑桥大学、伦敦大学学院、帝国理工学院和伦敦政治经济学院等，这些大学不仅在学术研究方面享有盛誉，还在全球教育领域具有重要影响力。伦敦大都市圈还拥有庞大的 K-12 教育体系，包括数千所公立和私立中小学。伦敦市教育局致力于提供高质量的教育和公平的教育机会。区域内的中小学普遍注重学生的全面发展，提供丰富的课程和课外活动，并不断推动教育数字化和信息化的进程。

伦敦大都市圈的教育设施也非常完善，学校配备了现代化的教学设备和先进的科技设施，为教师和学生提供了良好的教学和学习环境。图书馆、实验室、体育场馆和艺术中心等教育设施齐全，为学生的全面发展和素质教育提供了坚实保障。

（二）伦敦大都市圈教育数字治理特点

从战略规划、基础设施建设到网络安全和数字素养教育，伦敦大都市圈构造了一个高效、创新的教育生态系统。

教育数字化治理的战略和措施：伦敦大都会大学的"数字优先"战略（Digital First Strategy 2021—2026）是该地区教育数字化治理的典型代表之一。该战略目标是到 2026 年实现以下几个方面的改进：确保所有教职员工具备数字技能，每门课程都融入数字学习核心，创建卓越的数字环境，从学生的入学到课堂学习都能实现数字化，并提供个性化的多地点、多设备访问。

数据驱动的决策和基础设施：伦敦大都市圈的教育治理依靠数据驱动的决策和智能基础设施。通过数据分析，学校可以更好地了解学生的学习需求和行为模式，从而提供更有针对性的教育资源和支持。学校可以通过智能传感器系统监测学生和教职员工在校园内的活动，优化资源配置，提升校园管理效率。

网络安全和数字素养：确保数字平台的安全性是伦敦大都市圈教

育数字化治理的重要方面。学校采取了严格的网络安全措施，以保护学生和教职员工的个人数据和隐私。此外，学校还注重提高学生和教职员工的数字素养，确保他们能够安全、有效地使用各种数字工具和资源。

高等教育和科研：伦敦的大型高校，如伦敦大都会大学，在推动教育数字化方面发挥了重要作用。该大学不仅在教学中广泛应用数字工具，还在科研中积极探索数字化技术的应用。这些高校通过与产业界和其他研究机构的合作，不断推进教育和科研的数字化发展，提升整体教育水平。

三、东京大都市圈

东京大都市圈与纽约大都市圈、伦敦大都市圈相比，既有高等教育集群、科技创新生态良好等共同特点，又有文化背景、教育体系等方面的不同之处，注重传统文化与现代科技相结合，强调社区和家庭的参与，以及在老龄化背景下积极推动构建灵活多样的终身学习体系，满足不同年龄段和职业背景人群的学习需求。

（一）东京大都市圈概况

东京大都市圈位于日本本州东部，涵盖了东京都、神奈川县、埼玉县和千叶县等区域，总面积约 13500 平方千米。这个区域被认为是全球最大的都市圈之一，以其高度集中的城市化区域和复杂的地理结构著称。东京作为日本的首都，是整个都市圈的核心，与其周边的横滨市、川崎市、千叶市和埼玉市等多个重要城市共同组成了这一庞大的城市群。东京大都市圈的地理位置极为优越，面向太平洋，靠近亚洲其他主要经济体，成为日本乃至东亚地区的经济和文化中心。

东京大都市圈是世界上人口最多的城市群之一，总人口超过3700万，占日本总人口的约30%。东京作为日本的政治、经济和文化中心，其人口密度极高，同时也是全球人口最为稠密的地区之一。大都市圈内拥有众多的国际企业总部和金融机构，是日本乃至全球的经济中枢。

经济方面，东京大都市圈的 GDP 总量在全球都市圈中名列前茅，是世界上最重要的经济中心之一。该区域的经济活动涵盖了金融、贸易、制造业、信息技术、服务业等多个领域，形成了高度多样化和先进的经济结构。东京证券交易所是全球最大的证券交易市场之一，其金融市场的活跃程度和全球影响力仅次于纽约和伦敦。

东京大都市圈拥有丰富的教育资源和完善的教育设施，是日本乃至世界的重要教育中心之一。该区域内集中了众多的知名大学、研究机构和中小学，形成了一个完整的教育体系。东京大学、庆应义塾大学、早稻田大学等世界知名学府都位于此地，吸引了大量的国内外优秀学子前来求学。

除了高等教育，东京大都市圈的基础教育也十分发达。区域内拥有大量优质的中小学和幼儿园，教育水平高，教育资源分布相对均衡。政府在教育投入和政策上给予了大力支持，不断提升教育质量和设施水平。各类教育机构不仅在学术研究和人才培养方面作出了卓越贡献，还在推动教育数字化和信息化方面走在前列，积极探索和实践教育数字化治理的先进模式。

（二）东京大都市圈教育数字治理特点

从战略规划、智能基础设施建设到网络安全和数字素养教育，东京大都市圈形成了一个高效、创新的教育生态系统。

教育数字化治理的战略和措施：东京大都市圈的教育数字化治理受到了东京政府的长期战略支持。根据《未来东京：东京长期战略》，该地区致力于通过数字技术实现智慧城市目标，提高市民的生活质量。具体而言，东京政府推动数据高速公路战略，利用先进的数字技术提升城市管理和教育水平。

智能基础设施和数据驱动的决策：东京的大部分高校，如东京大学和东京大都会大学，已经广泛采用数字工具和平台来提升教育质量。东京大都会大学实施了一系列数据驱动的决策机制，通过数据分析来了解学生需求，优化教学资源配置。

网络安全和数字素养：为了确保数字平台的安全性，东京大都市圈的教育机构采取了严格的网络安全措施，保护学生和教职员工的个人数据。学校也注重提高学生和教职员工的数字素养，确保他们能够安全、有效地使用各种数字工具和资源。

高等教育和科研：东京的大型高校在推动教育数字化方面发挥了重要作用。东京大都会大学通过其经济与商业管理学院提供了广泛的课程，涵盖宏观经济学、微观经济学、组织行为学和战略管理等领域。这些课程不仅提供了扎实的理论基础，还通过小组学习和论文写作等方式培养学生的分析和沟通能力。

智慧城市与教育的结合：作为智慧城市计划的一部分，东京大都市圈还在教育领域实施了许多创新项目。东京正在推广 LED 照明和零能耗建筑，以提高能源利用效率，并通过研究和应用氢能源来减少碳排放。这些措施不仅提高了城市的可持续性，还为教育机构提供了先进的学习环境和研究机会。

第三节　全球教育数字化治理变革策略的启示

在全球化和信息化时代背景下，教育数字化治理已成为推动教育现代化的关键力量。推进教育数字化治理的目标在于利用数字技术提升教育质量、促进教育公平、提高教育效率和激发教育创新。国际组织和发达国家在教育数字化治理方面的倡议和措施，为上海超大城市教育数字化治理提供了经验和启示。

一、促进公平与包容

国际组织与国际大都市在教育数字化治理方面的倡议或措施，表现出共同关注推动教育公平与包容的策略，其目的在于确保所有人都能平等地受益于教育数字化的成果。

加强网络基础设施建设：加强数字基础设施建设，尤其是智能教室与互动学习系统，借鉴新加坡"未来学校"计划，打造智能教室，引入虚拟现实（VR）、增强现实（AR）和人工智能（AI）等前沿技术。联合国教科文组织提倡利用信息通信技术（ICT）提高获取高质量教育的机会，尤其是在偏远和贫困地区。这意味着需要加强农村和边远地区学校的网络基础设施建设，确保这些地区的学生同样能够接触到优质的教育资源。

　　缩小数字鸿沟：为低收入家庭的学生提供必要的数字设备和网络接入，确保他们能够跟上在线学习的步伐，是缩小数字鸿沟的基本要求。COVID-19 大流行期间，远程学习成为教育连续性的重要手段，但也暴露出数字鸿沟的问题。应当关注弱势群体的数字接入问题，确保所有学生都有平等的在线学习机会。美国通过联邦和州政府的支持政策以及提供必要的设备和连接，确保所有学生都能访问到高质量的教育资源。例如，"未来教育计划"和"教育技术国家计划"为教师提供了必要的培训和支持，帮助他们更好地利用技术进行教学。

　　促进个性化学习：随着个性化学习需求的增长，美国出现了许多帮助教师进行分层教学的教育数字化产品。这些产品通过数据分析为学生提供定制化的学习路径，帮助学生克服学习障碍。新加坡"学习者的空间"（SLS）在线平台提供个性化学习资源和活动，帮助学生根据自己的节奏和兴趣进行学习。新加坡通过定期安排居家学习日，鼓励学生进行自主学习和兴趣驱动的学习活动，增强自我管理能力。联合国教科文组织通过技术手段提供个性化的学习体验，满足不同学生的需求。应该探索利用数据分析来提供定制化的学习路径，帮助学生克服学习障碍。

　　开发应用在线资源平台：英国通过 BBC 的"小块学习"（BBC Bitesize）平台提供各年级和科目的学习材料，确保学生即使在家也能继续学习。此外，"未来学习"（Future Learn）等在线平台和工具也被广泛应用。

　　监测教育不平等：OECD 的评估显示，即使在发达国家，教育不平等仍然普遍存在。应该加强对教育不平等现象的监测，尤其是针对不同社会经济背景的学生。

二、注重人的数字素养

国际大都市与国际组织在提升人的数字素养方面采取了多种措施，这些措施不仅限于学校教育，还包括终身学习的机会，确保每个人都能够在数字化社会中茁壮成长。

着力提升教师数字素养：为教师提供定期的、系统的数字素养培训，确保他们能够有效利用数字工具进行教学。加强教师数字技能培训，提升教师使用数字工具进行教学的能力，特别是在偏远地区。鼓励教师参与持续的专业发展项目，如工作坊、研讨会和在线课程等，以不断提升数字素养。PISA 评估显示，教师是影响学生发展的最重要因素之一。需要加强对教师的培训和支持，特别是提高教师使用数字工具进行教学的能力。英国政府制定了详细的教育技术标准，为教师提供数字素养的提升指导。通过"数字教师认证计划"，确保教师掌握必要的数字化教学技能和知识。新加坡政府通过智慧教育计划，为教师提供系统的培训课程，帮助他们掌握数字化教学工具和方法。欧盟委员会发布的《2021—2027 数字教育行动计划》强调了技术在教育与培训中的重要性。可以参考该行动计划，制定适合本地情况的数字教育发展战略。自我反思工具（SELFIE）和教师自我反思工具（SELFIE for TEACHERS）：这两种自我反馈工具可以帮助教育机构和教师评估自身在数字化方面的进展。可以引入类似的工具，帮助学校和教师自我评估，从而更好地规划数字化转型。美国通过联邦和州政府的支持政策及教师培训机构的作用，提升教师的数字素养。如哈佛大学教育学院和斯坦福大学教育学院提供的教育技术课程，帮助教师掌握先进的数字化教学方法和工具。加强认证与评估体系建设，可参照新加坡的智慧教育计划，构建一套教师数字素养的认证和评估体系，确保教师掌握必要的数字化教学技能和知识。英国通过"数字教师认证计划"为教师提供系统的培训和认证，提升他们的数字素养和信息技术应用能力。新加坡政府通过智慧教育计划，为教师提供系统化的培训课程，帮助他们掌握数字化教学工具和方法。

国际上一些城市提升教师数字素养的经验同样具有启示。美国的洛杉矶联合学区是加州最大的学区之一，通过教师技术能力提升计划，成功提升了教师的数字素养。该学区为教师提供了丰富的培训资源，包括在线课程、工作坊和技术支持。教师们通过培训掌握了电子白板、互动教学软件和数据分析工具的使用，教学效果显著提高。在芬兰的赫尔辛基，"数字学校"项目是芬兰提升教师数字素养的重要举措。该项目目标则是：提升全体教师的数字素养，确保每所学校都能提供高质量的数字化教学。项目内容涵盖了数字化教学工具的使用、在线教学平台的应用、数据驱动教学决策等多个方面。项目为教师提供系统的培训课程，内容包括电子白板、互动教学软件、在线学习平台和数据分析工具等。通过理论与实践相结合的方式，帮助教师全面掌握数字化教学技能。赫尔辛基作为芬兰的首都，在提升教师数字素养方面积累了丰富的经验，通过"数字学校"项目和示范课堂的建设，显著提升了教师的数字技能和教学效果。赫尔辛基市教育局在多所学校设立了数字化教学示范课堂，配备先进的数字化教学设备和网络设施。示范课堂不仅为学生提供了优质的学习环境，也为教师提供了学习和实践数字化教学方法的平台。

提升学生数字素养：联合国教科文组织提出的《教育2030行动框架》为全球教育发展指明了方向，特别强调了数字素养的重要性。上海可以借鉴该框架，将数字素养纳入教育体系，培养学生适应未来社会的能力。加强数字素养教育，将数字素养教育纳入学校课程，确保学生从小开始就能够掌握基本的数字技能。PISA评估强调了学生在数字阅读素养、评估能力和数字学习能力等方面的表现。应该加强对学生数字技能的培养，确保他们在数字化时代具备竞争力。推广使用在线学习平台，如纽约大都市圈的雷曼360平台，方便学生获取学习资源和服务。通过AI支持的学习平台"新加坡学生学习空间"（SLS），根据每个学生的需求定制个性化学习路径。多部门联合加强网络安全与伦理教育，建立健全的网络安全体系，保护学生和教师的个人信息安全。加强学生和教师的伦理意识和社会责任感教育，确保数字技术被负责任地使用。加强数字伦理教育，帮助学生理解网络安全和隐私保护的重要性。

提高公众数字素养：提供终身学习的机会，让成人也能提升自己的数字技能，适应快速变化的社会。联合国教科文组织开展全球媒介和信息素养周，强调了数字素养的重要性。可以组织类似的主题活动，提高公众对数字素养的认识。

开展数字素养监测：定期评估数字素养教育的效果，确保教育计划与社会发展同步。联合国教科文组织强调了数字素养对于个人和社会发展的重要性。应将数字素养纳入教育体系，从小学到高等教育各个阶段都要加强数字技能的培养。联合国教科文组织的全球学习型城市监测指标强调了线上学习和现代技术的应用。可以借鉴这些指标，评估城市在学习型城市建设方面的进展。OECD的教师教学国际调查（TALIS）项目关注教师的数字素养与技能。应当加强对教师数字素养的监测和支持，确保教师能够有效地利用数字工具进行教学。欧盟提供的教师自我反思工具（SELFIE for TEACHERS），帮助教师评估自己的数字能力，帮助教师自我评估并规划个人发展路径，引入或开发类似工具的价值不容忽视。

三、强化跨部门的协同

国际大都市与国际组织在强化跨部门协同方面采取了多种策略，以确保教育数字化的顺利推进和有效实施。

智慧城市与教育的结合：东京大都市圈的智慧城市与教育结合，为上海探索教育与城市发展融合提供了新思路。东京大都市圈将智慧城市的理念与教育相结合，通过推广先进的技术提高能源效率，并为教育机构提供了先进的学习环境和研究机会。

政策引领与支持：制定长远规划，借鉴美国"未来教育计划"和"教育技术国家计划"、英国的"教育技术战略"以及新加坡的"教育科技总体规划 2030"，上海应制定具有前瞻性的教育数字化战略规划。加强政府投资与激励机制，参考美国 650 亿美元用于改善宽带基础设施的投资力度，上海可以考虑设立专项基金，加大对教育数字化基础设施建设和内容开发的投入。同时，通过政策引导和激励措施，吸引私营部门和民间资本参与到教育数字化进程中。

数据驱动的公共决策：OECD 强调了数据在教育决策中的重要性。应该加强数据收集和分析能力，为教育决策提供有力支持。纽约大都市圈通过使用数据分析和自动化流程，作出明智的决策、改善资源分配和更有效地跟踪学生表现。伦敦大都市圈的教育治理依靠数据驱动的决策和智能基础设施，通过数据分析，学校可以更好地了解学生的学习需求和行为模式，从而提供更有针对性的教育资源和支持。

　　跨部门协调机制：跨部门合作对于实现教育数字化目标具有重要意义。建立一个跨部门的协调机制，确保教育、科技、财政等部门能够紧密合作，共同推进教育数字化。欧盟提出的评估框架有助于跨部门协同工作。可以借鉴这些框架，评估教育数字化的进展。

　　创新教育平台：鼓励政府部门与企业、非政府组织等进行项目合作，共同解决教育数字化中的难题。建立一个教育资源共享平台，促进学校、企业和社会机构之间的资源共享。建立数据共享机制，确保相关部门能够及时获取和分析数据，为决策提供依据。联合国教科文组织搭建的全球教育资源平台促进了教育资源的共享。可以借鉴这种模式，建立本地的教育资源共享平台。纽约市立大学系统内的雷曼学院通过雷曼360平台，为学生提供统一的界面，以访问学术记录、资源和支持服务。加强教育数字化领域的国际合作，与国际领先的大都市圈建立合作关系，共享资源，交流经验。

　　促进社会服务：促进高校、企业与政府之间的合作，共同推动教育数字化创新。利用ICT支持大学、产业和政府之间的合作，促进知识和技术的有效转移。可以建立跨部门的合作机制，鼓励高校与企业合作开发实用型技术解决方案。

　　总之，上海作为一个超大城市，在推进教育数字化治理的过程中需要综合考虑政策、资源、人才、技术、安全等多方面因素，借鉴国际先进经验的同时，也要注重本土化创新，以实现教育数字化的长期可持续发展。上海在推进教育数字化治理时，应加强与国际组织和发达国家的交流合作，学习其成功经验。同时，结合自身特点，制定符合上海超大城市特点的教育数字化战略，推动教育现代化，实现教育公平和质量的提升。

第三章
上海超大城市教育数字化治理的功能定位

　　一流城市，孕育一流教育。一流教育，支撑一流城市。改革开放以来，特别是党的十八大以来，上海始终优先发展教育，坚持"一流城市、一流教育"的发展目标，基于超大城市教育发展特点与规律，推动教育融入城市规划布局、用好城市各类资源、服务城市经济社会发展，实现教育与城市相互赋能，教育现代化总体水平处于全国领先地位，全球影响力不断提升，对国家教育现代化和上海城市发展作出重大贡献。上海在教育部组织开展的"长三角教育现代化监测评估"中表现优异，教育现代化指数领先优势明显，同时在全球教育坐标系中占据重要地位。上海教育现代化指数，在长三角处于首位；从国际比较看，上海教育现代化指数（国际）已超过高收入国家平均水平。

　　上海超大城市教育数字化治理现代化，是上海建设具有世界影响力的社会主义现代化国际大都市的重要组成部分，是上海 2035 年实现更高水平、更高质量教育现代化的重要标志，是上海全面加快教育理念、体系、制度、内容和方法现代化的重要支撑。上海作为超大城市，这个"大"，不仅仅是城市人口规模、城市建设体量之"大"，更是在建设社会主义现代化强国、现代经济体系和参与全球竞争与治理中的功能之"大"。

正是从此意义上，超大城市教育数字化治理现代化不仅关系到教育系统本身的现代化发展，也是促进城市整体协调发展、推动上海社会经济发展和国际竞争力提升的关键因素。为此，提升上海超大城市教育数字化治理现代化水平，需要坚持系统思维和治理逻辑，把握好三个功能定位：一是提升教育系统内部效率与质量，二是提升教育服务城市经济社会发展的能级，三是推进中国教育现代化进程中壁垒破解。

第一节　上海超大城市教育数字化治理的逻辑

教育数字化转型是上海城市治理的重要组成部分。上海市委、市政府发布的《关于全面推进上海城市数字化转型的意见》和《上海市全面推进城市数字化转型"十四五"规划》明确了全面推进城市数字化转型是上海主动服务新发展格局的重要战略，将推进城市数字化转型作为推动高质量发展、创造高品质生活、实现高效能治理的重要举措，要求从"城市是生命体、有机体"的全局出发，统筹推进城市经济、生活等治理的全面数字化转型。在此框架下，教育的数字化转型是这个有机体中的关键组成部分，与城市的其他方面相互依赖并相互影响。教育是城市的重大民生问题，是城市治理的重要领域。上海作为超大城市，教育数字化治理既要有大格局、大思路，又要有精细化思维，努力体现探索中国特色超大城市治理现代化新路的要求。

上海作为超大城市的龙头，教育数字化治理现代化水平提升具有重要示范意义。立足上海实现更高水平更高质量教育现代化要求，紧紧围绕教育数字化转型路径与模式如何充分适应教育高质量发展这一总体问题，聚焦教育数字化需求与供给之间的不平衡，探索分析上海超大型城市教育数字化治理特点，重点是在治理逻辑下、从更宽的视野审视和优化教育数字化转型路径，构建教育数字化转型的上海模式，让教育数字化成为上海引领长三角区域教育现代化与高质量发展的强大引擎，助力上海更好发挥教育数字化转型试点价值与示范功能。

一、超大城市教育数字化治理的基本内涵

教育数字化治理，是推进教育数字化过程中以治理理念和思路，实现多主体参与、各种壁垒破除、资源充分整合及风险化解，营造良好的、可持续的教育数字化推进生态，促进教育公平与包容、师生及全民数字素养提升、教育管理效率与透明度上升，为加快教育现代化发展、建设教育强国和办好人民满意的教育提供支撑。

围绕教育数字化治理问题，学界已有研究强调现有教育治理体制机制与推进教育数字化需求不相适应，产生治理目标、治理方式、治理过程、治理能力和治理环境等层面的现实挑战。例如，有学者将人工智能视阈下教育治理的现实困境总结为多元治理主体"功能性"缺

位、垂直单向的组织结构"能动性"不足、治理思维认知与行动方式的"阻滞性"及治理制度"规制性"及伦理"规范性"缺失。[1]也有学者指出传统教育治理体制机制与技术治理模式存在内在张力，如教育治理主体的异质化有碍技术赋能实现、教育治理机制的科层化阻滞技术协同创新、教育治理方式的单一化削弱技术应用效能和教育治理规范的狭隘化难以应对技术风险[2]。同时，学界研究者较为关注教育数字化转型过程中潜在的不确定风险，特别是"科林格里奇困境"及其治理问题。"科林格里奇困境"由英国社会科学家、技术哲学家大卫·科林格里奇于20世纪80年代提出，主要指向技术的社会控制难题，是科学技术哲学领域的一个著名悖论。有学者指出，由于教育数字化转型是一场涉及场景众多、探索性强、确定性弱的过程性改革，存在由于无法预估技术发展而带来社会风险的可能，如技术鸿沟极化现象、个体成长早期的社会人现象、教育权向技术让渡现象、思维简化与思维茧化现象、影子教育黏性现象，因而需要构建数字化转型期的智能技术治理转向路径，如接纳技术改造教育实践进程中的过程性偏差以及利弊共存等。[3]也有学者认为，教育数字化转型的"科林格里奇困境"揭示了数字技术在教育场域应用中普遍存在的潜在风险与治理难题，并以算法决策诱发师生认知坎陷、技治主义导致主体价值僭越、数字孪生加剧教育信任危机为具体表征。因而，为了有效

---

[1] 侯浩翔、钟婉娟：《人工智能视阈下教育治理的技术功用与困境突破》，《电化教育研究》2019年第4期。

[2] 勒澜涛：《从"技术治理"到"治理技术"：教育治理现代化的重点突破》，《现代教育管理》2021年第12期。

[3] 逯行、黄荣怀：《教育数字化转型期的现代化风险观及其治理研究》，《清华大学教育研究》2023年第3期。

规制上述风险，治理方案应将社会价值预设于技术设计之中，以韧性建设、多元共治、数字福祉为价值导向，以安全可靠、共生协同、相称认责为基本原则。[1]另外，超大城市教育数字化治理探索与实践，是基于超大城市治理特点，为推进教育数字化而转变管理方式、创新机制与路径，对于全国其他地区具有引领性和示范性。超大城市教育数字化治理，核心是在治理逻辑下审视和优化超大城市教育数字化转型路径，是对基于技术逻辑的教育数字化转型路径探索的超越，是对教育数字化推进理念、实践创新与机制改革的深化。

推进教育数字化，不仅是技术工具的应用，更触及管理方式的变革。超大城市推进教育数字化，具有涉及面广、参与主体多、影响因素复杂性强的特征，因而教育数字化治理是一场深刻的系统性变革：将学生管理、教师管理、课程管理等信息系统进行整合，实现信息的互联互通和实时更新，提升信息传递的速度和准确性；利用大数据分析技术，对各类教育数据进行深度挖掘和分析，为管理者提供实时、精准的决策支持，提升决策的科学性和有效性，以及提升教育系统的应急响应能力，支持危机管理和决策。

推进教育数字化，关键在于实践空间与方式创新。超大城市治理呈现出人口、资本、技术高度聚集性，且超大城市治理方式和探索直接引领国家治理现代化方向。作为复杂的巨系统，超大城市治理系统之中嵌入多个治理主体，因而在主体结构上呈现出主体性割裂化、碎片化现象。超大城市教育数字化治理，谋求城市功能提升与教育发展

---

[1] 赵书琪、于洪波：《破解"科林格里奇困境"：教育数字化转型风险治理的向度、原则与进路》，《中国电化教育》2024 年第 3 期。

模式创新变革之间的有机结合点，让教育数字化更好促进创新人才培养、科技创新、产教融合、家校社协同育人等方面模式变革，形成支持创新和变革的教育生态，为上海更高水平更高质量实现教育现代化提供有力支撑。

深化教育数字化建设机制改革是推进教育数字化的重要保证。超大城市推进教育数字化，一方面需要切实发挥高校、研究机构和人才集中的优势，构建多主体参与推进教育数字化的激励机制；另一方面，破解教育数字化转型中的种种制度壁垒，创新有关体制机制，加快改变市区校三级平台散乱、"烟囱式"教育信息化应用的弊端，为上海深化国家教育综合改革试验区建设提供支撑。

二、超大城市教育数字化治理的核心价值

2023年5月29日，习近平总书记在主持中共中央政治局第五次集体学习时强调，从教育大国到教育强国是一个系统性跃升和质变，必须以改革创新为动力。要坚持系统观念，统筹推进育人方式、办学模式、管理体制、保障机制改革，坚决破除一切制约教育高质量发展的思想观念束缚和体制机制弊端，全面提高教育治理体系和治理能力现代化水平。

党的二十届三中全会通过的《中共中央关于进一步全面深化改革　推进中国式现代化的决定》指出：中国式现代化是在改革开放中不断推进的，也必将在改革开放中开辟广阔前景。面对纷繁复杂的国际国内形势，面对新一轮科技革命和产业变革，面对人民群众新期待，必须继续把改革推向前进。这是坚持和完善中国特色社会主义制

度、推进国家治理体系和治理能力现代化的必然要求，是贯彻新发展理念、更好适应我国社会主要矛盾变化的必然要求，是坚持以人民为中心、让现代化建设成果更多更公平惠及全体人民的必然要求，是应对重大风险挑战、推动党和国家事业行稳致远的必然要求，是推动构建人类命运共同体、在百年变局加速演进中赢得战略主动的必然要求，是深入推进新时代党的建设新的伟大工程、建设更加坚强有力的马克思主义政党的必然要求。

从上述更高的站位和更宽的视野，以治理的逻辑审视和优化上海教育数字化转型，旨在对照上海教育在全国和长三角发挥示范引领的定位、对标上海建设成为教育数字化转型标杆城市的目标，有助于实现四个方面的价值：

提升教育数字化建设短板与薄弱环节解决的力度。伴随长三角一体化发展国家战略的加快推进，上海作为龙头城市承担着发挥引领作用的责任和使命。但目前平台建设各自为营尚未根本改变，学校数字化转型意识不强、系统思考不够，教师数字素养亟待进一步提高，教育数字化应用场景不够丰富、泛在学习环境有待进一步建设，家长动态了解学生在校学习与生活状况的需求强烈、家校互联互通平台和渠道建设仍需进一步加强。教育数字化治理研究的价值在于，综合比较分析上海在长三角教育数字化发展中的使命与挑战、优势与不足，并着眼增强发展优势与特色、解决发展短板与薄弱环节，提出上海在教育数字化转型路径与模式上的经验借鉴与政策建议。

提升教育数字化转型中多元主体广泛参与的深度。教育数字化转型的活力来自多元主体的参与，并按照"政府定标准、搭平台，企业做产品、保运维，学校买服务、建资源"的模式，让各类主体实现深度参与，从而不断增强教育数字化供给服务质量。为此，需要在调研基础上判断分析不同主体深度参与的动力、困境与机制制约，聚焦加强统筹与活力激发尤其是提高学校获得感等方面提出政策建议。这也正是教育数字化治理所关注的重点。

提升基层师生员工及家长对智慧校园建设的满意度。教育数字化转型，是办好人民满意教育的组成部分和重要保证。学校是学习者共同的家园，建设智慧校园被师生及家长给予越来越大的期望。尽管影响公众对智慧校园满意度的因素众多复杂，但按照教育数字化治理的逻辑，广泛倾听公众的声音、了解师生员工及家长对智慧校园建设的满意度所处水平是必然要求。只有如此，才能精准分析教育数字化优势与改进空间，有针对性地改进，为推进教育数字化营造良好的舆论氛围和社会环境。

提升教育数字化对智慧城市建设和教育国际影响力的贡献度。教育数字化是智慧城市建设的重要领域，同时是提升教育国际影响力的重要支撑。面对世界百年未有之大变局，教育数字化面临新机遇和空间。OECD《通往2030年的曲折之路》报告指出，对照《2030年可持续发展议程》，"确保包容和公平的优质教育，为所有人提供终身学习机会"的总体目标进展不容乐观。上海推进教育数字化，提供了优质教育发展的"上海智慧"。因此，比较分析教育与经济社会其他领域的数字化建设的模式，总结提炼上海教育数字化在推动实现教育2030可持续发展目标的经验，有助于服务于构建具有上海智慧、世界水平的教育数字化转型模式。

专栏 3-1　2024 世界数字教育大会在上海召开

以"数字教育：应用、共享、创新"为主题的 2024 世界数字教育大会在沪开幕。开幕式上，上海市委书记陈吉宁在致辞时指出，当今世界，数字技术正成为推动教育变革的引领力量。习近平主席明确要求，推进教育数字化，建设全民终身学习的学习型社会、学习型大国。作为中国的经济中心城市，科教兴市是上海发展的重要战略，数字教育引领带动上海教育现代化越走越稳健。现代化城市需要高质量教育，高质量教育成就现代化城市。我们愿与世界各地携手合作，进一步拓展数字教育的广度、深度、速度、精度，让数字教育更好引领教育转型发展、促进人类文明进步。

陈吉宁指出，我们将探索创新力更强的数字教育，依托大数据、人工智能等数字产业发展，培育"互联网＋""智能＋"等应用场景，推动数字与教育深度融合、线上与线下相互赋能，塑造富于效率、充满活力的数字教育新形态。我们将发展包容性更好的数字教育，深入发展智慧教育，大力推动优质教育资源的数字化、可及化、普惠化，促进教育理念变革和人才培养模式改革，努力构建平等面向每个人、适合每个人、伴随每个人的数字教育新体系。我们将打造开放度更高的数字教育，深化数字教育的标准对接、经验互鉴、资源共享，强化知识产权保护、数据安全管理、数字伦理风险防范，携手营造共建共享共治的数字教育新生态，让教育成果更多更好惠及各国人民。

资料来源：上海市人民政府网，2024年1月31日。

第二节　重构教育教学生态系统

教育的数字化治理是一个全面优化的过程，通过引入先进的数字技术和理念，不仅改变教和学的方式，还影响教育管理、评估体系、学生支持和教育政策的制定，进而全面提升教育系统的效率、质量和可及性。加快教育数字化治理现代化，意味着对整个教育生态系统的重构，包括课程内容、教学方法、教师培训、学生评估、校园管理和家校互动等各个方面，都能在数字化的浪潮中实现革新和优化。

一、创新学习支持环境

上海更高水平更高质量实现教育现代化，首要衡量指标是促进学习者全面且有个性发展，为学习者提供良好的支持环境与学习体验。要把学习者全面发展放在第一位，旨在突出人的发展，而不是事业规模发展，更不是物质层面的发展；而人的发展不再只是依托传统意义上给予学生的学校学习环境，而是学习支持环境。创新学习支持环境，旨在秉持新理念、引入新技术和拓展新空间，为每一位学习者提供所需的适切支持。

（一）秉持新理念

创新学习支持环境的前提，是秉持学习者主动学习、个性化学习、跨学科学习的新理念。为学习者提供支持环境，旨在释放学习潜能，促使学习者根据自身的能力、兴趣和学习进度来制定和调整学习方法，利用数据分析和人工智能技术跟踪学习者的表现并提供个性化的反馈和支持，在问题导向的学习场景中促进不同学科之间的整合和培养解决问题的综合能力，让学生能够应对现实世界中的复杂挑战。

从国际上看，基于数字化平台的个性化学习成为趋势。美国纽约学校通过智能学习平台实施数据驱动的个性化教学，实时分析学生的学习数据，提供个性化的学习建议和资源。学校还通过在线辅导平台，为学生提供一对一的个性化辅导服务，提升了学习效果。而芬兰赫尔辛基的学校通过学习数据分析平台，定制个性化的学习计划，帮助学生根据自己的节奏和兴趣进行学习。学校还采用混合式学习模式，结合在线学习和课堂教学，提供灵活的学习方式，提升了学习效果和学生的自主学习能力。在英国伦敦，学校通过在线辅导平台，提供即时答疑和个性化辅导服务，帮助学生在学习过程中获得及时的支持和帮助。学校还广泛开展项目式学习，培养学生的创新能力和解决问题的能力。

正是基于前瞻性的学习新理念，《上海教育现代化2035》制定了"学习者能够释放潜能、主动学习、快乐生活、彰显个性、全面发展"的目标，提出2035年上海要"成为各类人才向往的学习体验之地"，强调"让教师成为设计与打造智能化学习环境的重要参与者、推动者"。

（二）引入新技术

创新学习支持环境的关键，在于引入人工智能、大数据分析、云计算、移动学习平台等先进技术，创新教育模式。适应新兴技术的发展和网络时代学生学习的需求，改变传统的教学和学习方法，使用AI和数据分析来理解每个学生的学习风格和需求，提供定制化的学习计划和资源，并采用在线和混合学习模式，结合数字工具包括学习管理系统、虚拟现实和情境学习等，增强学习体验，从而创造一个更加高效、个性化和互动的学习环境。

支持学习者克服学习障碍是一个世界性难题，数字化技术能够提供各种辅助和支持服务。借助数字化手段。伴随数字技术的应用衍生多样化的服务，借助数字化手段，学习者能够随时随地访问数字化的教学材料和使用学习工具；通过网络平台，为学习者提供关于职业选择和规划的在线指导；应用数字化手段还可以为学习者提供远程实习或项目合作的机会，使其能够在学习过程中获得实际工作经验；在线和即时的心理健康支持和咨询服务，则可以为学习者提供管理学习压力、保持心理健康的在线资源和指导。

为此，《上海教育现代化2035》针对全面实现义务教育优质均衡发展的要求提出，"为各种学习上有困难的学生努力提供个性化、可选择、扶助性的教育和学习支持"；强调推动数据驱动的教学模式变革，明确提出"建设在线学习智能辅助系统，实现高效灵活学习、自适应学习、深度学习。鼓励学校或学科通过智能化穿戴设备，开展对学习者行为和心理的实时测评，科学发现学生学习的特点和问题，及时提供个性化的解决方案"。同时，针对利用新技术重构教育教学质量保障机制，要求"建设基于大数据、人工智能等新技术的学习信息管理系统，提升学生学情反映的精准化、动态化、数据化程度，实现作业、测评、课程的智能化适配，健全教育质量监控、反馈和改进机制。建立学生学习的跨学段、长周期、全覆盖的记录、跟踪与评价系统，服务学习者的终身发展"。

（三）拓展新空间

创新学习支持环境的重要空间，是学习者身边的社区和无处不在的网络空间等。超大城市更加需要注重社区学习空间和网络学习空间的拓展，在全方位提供学习支持环境上发挥引领和示范作用。

数字化社区学习空间，是学习型社会建设中重要的学习支持环境。教育数字化加快了教育社区的建立和发展，通过在线平台和社交媒体，实现更加紧密地联系和互动，共同参与教育过程。在超大城市，利用数字化手段建设社区学习空间，能够通过提供多样化便捷可获得的数字化学习资源，满足不同年龄段人群的学习需求，促进终身学习；同时，建设数字化社区学习空间，为社区成员提供基础和高级的数字技能培训，有助于提高市民的数字素养与技能，而这对于市民在数字时代获取信息、参与社会和就业至关重要。另外，建设数字化社区学习空间，是增强社区凝聚力的纽带，加强邻里之间的联系，为青少年提供探索性学习空间。因此，建设数字化社区学习空间，是推动城市治理、建设人民城市的内在要求。但数字化社区学习空间的建设，有赖于多主体参与、共建共享，通过政府、学校、企业及非营利组织等建立合作关系，开发适合不同年龄段和学习需求的数字化教育资源，整合优质的在线课程、数据库、电子书等，确保内容的多样性和质量。

专栏3-2　帮助跨越数字鸿沟，上海这样为老年群体 提供智能技术应用培训

为帮助老年人跨越数字鸿沟，上海正推进老年数字教育进社区行动，为老年群体提供智能技术应用培训，年培训人次超过100万；打造智能技术短期学习线上训练营，普及智能设备的操作方法和网络基本知识；深度挖掘市区两级数字体验中心作用，为老年学习者提供更为便捷、高效的体验式数字学习环境。

同时，鼓励全市终身教育机构依托自身特色课程，运用5G、大数据、人工智能（AI）等新技术，构建虚拟与现实融合的学习场景，为市民尤其是老年人创建出行、就医、消费等各类数字化生活模拟应用场景，优化学习体验。2023年，上海建成50个老年教育智慧学习场景。

打造数字化学习资源审核"智慧中枢"，上海推出了全国首个数字化学习资源智能审核云平台，对存量数字化学习资源进行全量排摸、全面审核、全盘梳理。还建设面向市民的终身学习"云应用"系统和支持服务体系，强化学习地图、云视课堂、老年慕课、老年智慧学习营等各类在线学习应用的拓展与融合，为学习者提供最便利的学习环境。

资料来源：澎湃新闻网，2024年1月30日。

构建良好的网络育人环境和质量提升体系，是创新学习支持环境的核心内容。2023年5月29日习近平总书记在中共中央政治局第五次集体学习时强调，培养什么人、怎样培养人、为谁培养人是教育的根本问题，也是建设教育强国的核心课题。建设教育强国，要提高网络育人能力，扎实做好互联网时代的学校思想政治工作和意识形态工作。面对互联网时代给育人带来的机遇和挑战，要推动学校思想政治工作和意识形态工作传统优势同当今信息技术高度融合，充分整合网络教育资源，挖掘网络教育资源，培育优秀网络文化品牌，推动网络平台同频共振，不断加强学校思想政治工作网络平台、网络文化和网络教育工作队伍建设，大力构建网络育人质量提升体系，从而牢牢把握网络思想政治工作主导权主动权话语权。

二、优化教育评价体系

教育评价事关教育发展方向，有什么样的评价指挥棒，就有什么样的办学导向。以数字化治理的逻辑重构教育教学生态，必然要求优化教育评价体系。中共中央、国务院印发的《深化新时代教育评价改革总体方案》，要求"创新评价工具，利用人工智能、大数据等现代信息技术，探索开展学生各年级学习情况全过程纵向评价、德智体美劳全要素横向评价"。

传统的教育评价机制主要依赖考试成绩，评价标准单一，难以全面反映学生的综合素质和多方面能力；传统的教育评价机制通常采用静态的评价方式，评价结果缺乏动态性和过程性，难以全面了解学生的学习过程和成长轨迹；传统的教育评价机制在实施过程中存在主观性和片面性，评价结果容易受到人为因素的影响，难以确保评价的公正性和准确性。

数字化教育评价机制的优势，在于采用多维度的评价体系，通过学习分析系统，可以对学生的学习行为、参与度、合作能力和创新能力等进行全面评估，形成多维度的评价报告；数字化教育评价机制注重评价的动态性和过程性，通过在线学习平台和智能教学系统，可以实时记录学生的学习数据，动态分析学习效果；数字化评价机制通过大数据分析，可以对学生的学习行为和学习成果进行客观分析，实现了评价过程的客观性和科学性，减少了人为因素的干扰；数字化教育评价机制易于评价数据的反馈，形成个性化的学习报告，及时调整教与学的策略和方法。数字化教育评价机制，能够促进教育评价机制的全面转型，优化教育评价体系，提升教育评价的科学性、全面性和准确性。

数字化教育评价机制不仅促进学生评价改革，还能够促进教师评价改革与专业发展。这主要表现为：通过教师绩效评价系统，对教师的教学质量、课堂管理、学生反馈等进行全面评价，形成科学的绩效报告，指导教师改进教学；通过反馈数据，发现教师在教学中的优劣势，提供个性化的培训和支持，提升教师的专业能力和教学水平。

另外，优化教育评价体系的重要保障，在于学校数字化能力发展的监测评估。推进教育数字化转型政策的实施，需要加强监测评估。学校数字化能力发展的监测评估，除了政府和教育科学研究机构开展区域性监测评估的同时，需要每一所学校提升自我评估能力。欧盟报告指出，对美国学校中使用的 1618 个教育技术（Ed-Tech）项目的分析显示，仅有 11% 进行了外部评估，18% 进行了内部评估。据此计算，70% 的学校使用的数字技术要么未经评估，要么其评估数据未被公开。可见，学校自我评估能力是一个短板，值得关注和加强。这要求建立动态、精准的学校数字化能力发展自我评估机制，并加强自我评估结果的应用，基于评估证据推进学校改进与质量提升。以上海为龙头的长三角区域作为教育现代化引领区，理应在借助数字化治理实现教育评价体系优化上走在全国前列，为世界教育数字化治理贡献智慧。

专栏 3-3　浙江启动建设"教育魔方"工程以数字化改革推动教育治理现代化

"教育魔方"工程的建设路径，是基于教育行业云构建教育大数据仓，实现各类教育数据资源的集成汇聚。不断完善工作体系、标准体系、技术体系，提升感知、服务、管理、决策、监督、协同六个方面的数字化、智能化水平。围绕制定教育规划、改善办学条件、保障教育投入、优化教师队伍等教育领域核心业务，系统设计教育治理数字化场景。

"教育魔方"的重大项目包括制定教育数字化建设指南，研制教育数据、装备、业务、应用、运营等标准与规范。统筹利用全省统一的政务云基础设施体系，规划适宜学校个性化应用的教育公共服务行业云，实现教育计算机网、电子政务外网和互联网安全互通。建立基于数据空间与数据管道的教育大数据仓，实现教育数据无感采集、动态汇聚、智能治理、授权使用，确立以人与机构为核心的教育行业统一赋码体系，将教育数据逐步转换为数据服务能力，推动通过第三方教育数字化应用的数据回归学校。建立"学在浙江"全民数字学习平台，形成贯通幼儿园、小学、初中、高中、中职、大学等各阶段的可信数字学习档案。

资料来源：教育部网，2021年3月18日。

第三节　赋能教育高水平服务城市发展

教育数字化治理不仅是教育系统自身的革新，也是推动整个城市经济、社会、文化和技术进步的关键力量。教育数字化治理，对于上海提高超大城市治理水平和建设具有世界影响力的社会主义现代化国际大都市具有重要意义。这主要表现在提升城市人力资源开发水平、推动科技创新中心建设、增强城市文化软实力提升、服务智慧城市建设等方面。

一、提升城市人力资源开发水平

人力资源开发水平是衡量城市竞争力和可持续发展的核心指标。根据国际经验和我国实际，更加显著地提升教育在城市人力资源开发中的作用，一方面需要继续加快各级各类学校教育高质量发展，尤其是提高学科专业及人才培养层次结构适应性、毕业生服务重点行业领域水平；另一方面要通过分层分类培训、继续教育和多样化的途径，从调整存量上提升人口和从业人员的生活、生产技术技能与知识掌握、运用水平，实现人力资源开发水平提升的双轮驱动。

表3-1　长三角就业人员文化程度

单位：万人；%

地区	合计	未上过学	学前教育	小学	初中	高中	大学专科	大学本科	硕士研究生	博士研究生
就业人员数（万人）										
全国	65631.79	857.61	37.76	10694.88	27988.47	11069.97	7625.70	6538.25	728.49	90.67
长三角	11736.61	156.95	7.83	1748.77	4669.88	1990.68	1508.45	1436.35	194.71	22.98
上海	1264.92	6.13	0.23	71.88	349.96	208.85	214.13	325.71	78.49	9.56
江苏	4062.75	37.69	2.68	496.87	1616.12	772.55	577.50	496.63	55.88	6.82
浙江	3642.24	45.16	2.59	661.77	1490.00	592.17	418.01	389.41	38.80	4.34
安徽	2766.70	67.98	2.33	518.25	1213.81	417.11	298.81	224.61	21.55	2.26
就业人员构成（%）										
全国	100.00	1.31	0.06	16.30	42.64	16.87	11.62	9.96	1.11	0.14
长三角	100.00	1.34	0.07	14.90	39.79	16.96	12.85	12.24	1.66	0.20
上海	100.00	0.48	0.02	5.68	27.67	16.51	16.93	25.75	6.20	0.76
江苏	100.00	0.93	0.07	12.23	39.78	19.02	14.21	12.22	1.38	0.17
浙江	100.00	1.24	0.07	18.17	40.91	16.26	11.48	10.69	1.07	0.12
安徽	100.00	2.46	0.08	18.73	43.87	15.08	10.80	8.12	0.78	0.08

数据来源：国家统计局。

但城市人力资源开发水平提升的双轮驱动，并不是自然而然实现的，需要包括教育数字化治理在内的高效能城市治理的有力支持。

一是支持多元化创新人才培养质量的提升。教育数字化治理，可以支持跨学科学习和项目化学习，培养学生解决复杂问题的能力和创新思维；同时，教育数字化治理为学校与企业连接提供机会与机制保障，从而能够为学生提供更多实践和实习的机会，促进校企合作和产教融合。特别需要指出的是，按照科技前沿发展态势，超大城市的各级各类学校将利用数字工具和项目导向的学习方法来激发学生的探索精神和创造力；利用在线资源和平台为学生提供灵活的学习路径和终身学习机会，帮助在职人员升级技能和知识。而这不仅提升教育质量和效率，还有助于培养出能够适应快速变化的经济和社会需求的创新型和多元化人才。

专栏 3-4　华为参与产教融合人才培养情况

由于数字技术迭代快，需要课堂教学、实习实践与产业保持同步，亟须企业参与人才培养。在教育部的指导下，华为积极地将多年来在ICT行业中积累的技术贡献出来，于2013年启动了校企合作，打通人才培养"最后一公里"。

特别是2020年5月，教育部与华为签署战略合作备忘录，双方重点在产教融合协同育人基地建设、教材建设、课程建设、师资培训、科研攻关等方面展开深入合作，着力培养掌握信息技术领域关键核心技术的人才。随后，华为联合清华大学、北京大学等72所高校，共建"智能基座"产教融合协同育人基地，以鲲鹏昇腾华为云等根技术为核心培养计算机人才，提升了自主知识产权相关技术的推广与普及。

"智能基座"将鲲鹏芯片、欧拉操作系统、高斯数据库、昇腾处理器、昇思AI框架等根技术通过课堂传授给学生，让学生掌握最新技术发展趋势；同时提供包括企业课题、开源课题、社区活动、竞赛在内的多种课外实习实践活动，以提升学生的创新实践能力。

联合教育部高等学校教学指导委员会、高校知名教授开发并陆续出版系列教材40余本；联合CMOOC联盟，开发并陆续上线20多门课程。截至目前，在72所高校建成了教学实践平台，1500门次课程融入最新产业技术，超过20万名学生参加课程学习。

为了帮助高校学生了解产业实际场景，持续开展华为专家与高校师生面对面，仅2021年，在教育部支持下，华为举办了百余场"校园行"活动，200余名华为产业专家走进学校与师生进行面对面交流，参与师生超过1.6万人次。不断加强学生参与实习实践，基于产业发展真实需求，向高校师生开放科研课题，于去年启动了"众智计划"。目前已开放了4000多个课题，累计投入2亿人民币，共有300多个高校团队揭榜成功，超过3000名学生参与，提升了大学生解决产业真实问题的能力。与此同时，启动"优才计划"，为大学生提供实习岗位，目前已有40多家产业链企业参与进来。积极支持中国国际"互联网+"大学生创新创业大赛，为了引导学生"真题真做"，华为多次提供企业命题。2021 年更是发布了包括鲲鹏、昇腾、华为云、联接、鸿蒙在内的 30 多道华为企业命题，支持学生开展创新创业实践。

资料来源：教育部网，2022 年 5 月 17 日。

二是支持毕业生就业竞争力和劳动力市场适应性的提升。在超大城市，大数据中心的建设与大数据治理能力的加强，正在推动教育数据与就业数据、产业数据相互贯通。相应地，教育数字化治理的重要价值在于：利用大数据分析进行精准的职业指导，帮助学校和教育机构更好地适应就业市场的动态变化，为学生提供与市场需求匹配的职业规划；同时，随着远程工作模式的兴起，为提供学生在线和数字化工作的环境，通过在线职业门户和虚拟招聘会等数字化工具的运用，为学生与潜在雇主之间建立起更高效的连接；快速响应来自行业产业的实时反馈，调整教育内容，确保教育与就业市场需求的紧密对接，增强毕业生的就业竞争力和市场适应性。

二、推动科技创新中心建设

上海正在建设具有世界影响力的科技创新中心，教育数字化治理将推动高校和科研院所等教育机构与政府、学校密切合作，在教育数字化技术开发与应用方面加强人力和资金投入，推进教育科技产品联合研发、应用与推广。未来一个时期，在科技创新步伐加快和教育改革需求驱动下，以软件开发、数据集成企业以及专业调查机构为主体，开展智能教学工具、虚拟现实（VR）和增强现实（AR）技术等教育数字化产品开发，并制定相关技术标准、促进研发成果的推广，将成为必然趋势。

专栏 3-5　上海以治理思路深化教育数字化应用与开发

推进教育大数据综合治理和开发利用。归集上海市教育各级各类数据，推进"一数一源"，构建上海教育"数字驾驶舱"，推进"教育大数据治理和综合开发利用中心"构建。完善教育数据治理机制，建设完善系列市级教育主题数据库，指导各区和各级各类学校开展数据治理，推进各级各类教育数据分级开放共享。鼓励并支持各区、各校立足数字化赋能学校管理、教育教学，探索基于数据融通的数字化赋能学校发展新模式新样态。构建面向学生成长和教师发展的数字化综合素质评价体系，充分利用大数据和人工智能技术，赋能师生个性化发展。

推进教育人工智能研究和应用。推进 5G、人工智能、大模型、数字孪生等新兴技术的融合应用，探索和培育人工智能服务校园的新模式和新形态，深化人工智能技术在教育教学、教研科研、培训服务、校园安全等场景应用的研究，探索人工智能教育应用的实施路径和标准规范等，引领教育数字化新发展。

加强数字化标准规范体系建设。加强网络、数据、应用、服务等方面关键标准的研究、应用与实施。鼓励高校、企业等各方组织参与标准化活动，更新完善数字校园建设标准，以标准的实施促进上海教育数字化转型，优化应用环境。

支持教育研究协同创新。支持市、区教育部门开展教育数字化转型政策落地转化的研究，推进人工智能、区块链、大数据在教育领域的应用研究，加强教育数字化转型推进路径探索、模式总结和方法提炼。鼓励高校、科研单位等推进教育数字化转型关键技术及标准研究，加强教育数字化转型政策制度的前瞻性、整体性与适用性研究。

资料来源：上海市人民政府网，2024 年 3 月 26 日。

有组织推进教育科技产品研发成果在教育领域的应用，将有助于推进 AI、大数据技术的应用，赋能教、学、管、评，推动智慧校园建设，让更多学校能够利用 5G、云计算等技术，优化校园的信息网络基础环境，加快教育教学设施设备与数字技术深度融合，不断提高智慧学校发展水平。而且，共同推进教育科技产品的研发与应用，必然推进城市教育数字产业链的发展、教育数字人才的培养，孵化更多致力于教育数字化的高科技企业及有影响力的项目产品，打造城市的数字教育名片。

三、增强城市文化软实力

党的二十大报告指出"推进文化自信自强，铸就社会主义文化新辉煌"，这是具有长远眼光的重要战略部署。当前，上海正在建设习近平文化思想最佳实践地，打造文化自信自强的上海样本。增强城市文化软实力，是上海建设成为社会主义国际文化大都市的必然要求。而提高教育数字化治理现代化水平，在增强城市文化软实力中大有可为。

一是更好地向世界讲好上海教育现代化故事。上海是一座国际化大都市，是我国改革开放的前沿。上海与国际组织具有广泛的合作与联系，先后参与经济合作组织的 PISA、TALIS 项目，并且表现优异，学生素养和教师能力的数据比较和分析报告及其案例视频在全球广泛传播，提高了上海教育在国际上的影响力。2023 年 11 月 10 日，联合国教科文组织第 42 届大会通过决议：在中国上海设立教科文组织国际 STEM 教育研究所（UNESCO IISTEM）。这标志着教科文组织的一类中心首次落户中国，是其在全球设立的第 10 个一类中心，也是在欧美之外的首个全球性一类中心。国际 STEM 教育研究所的主要职能是促进科学、技术、工程和数学领域从幼儿到成人各个阶段包容、公平、适切和优质的全民教育，发挥 STEM 教育领域信息交流中心、网络中心、资源中心和能力建设中心的作用。这将进一步讲好中国和上海教育现代化故事，助力上海建设具有世界影响力的社会主义现代化国际大都市，向世界展示中国式现代化的光明前景。

二是促进学生掌握全球视野和跨文化理解能力。支持和推动学校开展线上交流和合作项目，让学生有机会与全球不同文化背景的人开展交流，促进了社会包容性和多元化，增进不同文化的理解和尊重；在多元文化的交流和融合中，鼓励学生创新和尝试新的文化表达方式，如融合不同文化元素的艺术和音乐，通过数字技术，新型的文化内容创作和传播将更为便捷和广泛，促进了文化创新和传统文化的现代表达。

三是推动大学与城市文化双向赋能。上海具有丰富的文化资源，上海城市文化品质的提升离不开大学的支持，大学的发展同样需要充分融入城市文化和运用城市文化资源。推动建立大学与城市文化联动发展机制，尤其是通过数字技术保护和传播文化、发展数字文化创意产业，是大学与城市文化相互赋能的有效载体。通过大学与文化机构的合作，借助先进的数字技术，能够更好地保护和挖掘文化遗产、提高文化遗产的可访问性、开发文化创意产品，提高文化产业产值，培育有影响力、认可度高、标识性强的文化品牌，增进文化自信。

专栏 3-6　立足专业特色，上海高校的数字化转型探索

上海戏剧学院：以数字化推动传统戏曲守正创新

2023 年，在文化和旅游部公布的数字化创新示范十佳案例中，有一项来自上海戏剧学院的沉浸式戏曲项目《黛玉葬花》。这一项目就集中体现了上海戏剧学院数字教育

与艺术实践相结合所产生的成果。为了使数字教育在艺术院校找到更好的落地途径，上海戏剧学院近年来把基于XR 技术的沉浸式传统戏曲创新作为一个重点突破方向，旨在利用 XR 等技术创新戏曲艺术，弘扬中华优秀传统文化。为此，上海戏剧学院教授联合多家单位，带领学生创作了 MR 情景式体验越剧《黛玉葬花》、VR 越剧《黛玉葬花》、VR 戏曲《钗头凤》《破茧》和《幻墟 13 号梦境》等几部元宇宙形态的创新性戏曲作品。

上海工艺美术职业学院："数字虚拟人"生动演绎传统戏曲

上海工艺美术职业学院"适配真人中国传统戏曲仿真表演系统研发"项目 2023 年在多个展会上精彩亮相，用"数字虚拟人"技术生动还原传统戏曲韵味，吸引现场观众热情参与。项目采用数字虚拟人技术呈现中国传统戏曲表演，以沉浸式 VR 赋能非遗活态传承，体验者可以模仿戏曲演员的表演，通过虚拟换装、表情、动作和特效等表达方式和虚拟戏曲人进行互动，并通过创造虚拟舞台特效和运镜特效，让观众在虚拟世界里尽情实现艺术的自我表达，让中国传统戏曲文化焕发新的生机。

资料来源："上观"公众号，2024 年 2 月 17 日。

第四节　服务长三角率先实现教育现代化

作为我国经济发展最为活跃、开放程度最高、创新能力最强的区域之一，长三角地区上升为国家战略区域的过程，是我国改革开放和区域发展战略调整的重要组成部分，经历了多个关键时间节点和重大事件，逐步形成了长三角一体化发展国家战略。

2018 年 11 月 5 日，习近平主席在首届中国国际进口博览会开幕式上宣布："支持长江三角洲区域一体化发展并将其上升为国家战略。"这一重大决策标志着长三角一体化发展进入了全新的历史阶段，通过深化区域合作，构建统一开放的市场体系，打造世界级城市群，提升区域整体竞争力和国际影响力。2019 年 12 月 1 日，中共中央、国务院印发《长江三角洲区域一体化发展规划纲要》，为长三角一体化高质量发展制定了详尽的行动指南。该纲要强调创新驱动、绿色发展、开放合作和民生共享，明确了长三角区域在科技创新、基础设施、生态环境、公共服务等领域的一体化发展方向，打造具有全球影响力的科技创新高地和世界级城市群。上海作为长三角的龙头，教育数字化治理的站位更高、视野更广，服务长三角率先实现教育现代化是应有的责任和使命。

一、长三角率先实现教育现代化呼唤教育数字化治理

长三角率先实现教育现代化是推动长三角一体化发展取得新的重大突破、在中国式现代化中走在前列的题中应有之义，是长三角在建设教育强国大局中重要地位与引领作用的具体体现。2019 年，中共

中央、国务院印发的《长江三角洲区域一体化发展规划纲要》明确提出："协同扩大优质教育供给，促进教育均衡发展，率先实现区域教育现代化。研究发布统一的教育现代化指标体系，协同开展监测评估，引导各级各类学校高质量发展。"

根据长三角教育现代化监测结果，长三角区域教育现代化发展走在全国前列、教育现代化指数领先优势明显，在全球教育坐标系中占据重要地位。2023 年，长三角教育现代化指数保持了持续增长的良好态势，在全国及重大战略区域教育现代化发展中的领先地位。在不同收入水平国家的教育现代化指数（国际）比较中，长三角小幅低于高收入国家、大幅高于中上及中下和低收入国家平均水平。其中，上海、江苏的教育现代化指数（国际）已超过高收入国家平均水平。

数字教育公共服务体系仍需提升基础能力建设。在区域内构建网络化、数字化、个性化、终身化的教育体系，促进学校社会资源共享，形成方式灵活、资源丰富、学习便捷的全民终身学习机制等，均需要加强地区、部门政策的进一步协调。监测评估结果发现：长三角学分银行覆盖率指标的达成度仅为 58.3%。在打造教育数字基座过程中，共同参与涉及的各地政府部门、教育机构、企业和社会组织等多个组织、不同参与主体各自具有不同的利益诉求、运营模式和管理体系，导致围绕数字基座建设容易出现资源分散、协同不畅等问题。与数字教育相适应的教育制度设置和发展生态也需进一步完善，数字化赋能学生学习、教师教学、教育治理、研究创新的作用亟待充分发挥。

教育治理数字化系统性跃迁仍面临着诸多难点与挑战。一是优质教育数字资源区域内配置不充分、校际不均衡。监测评估结果表明，区域中小学优质课程资源共享覆盖率仍较低，与教育现代化目标要求存在差距。二是平台建设各自为营的建设局面尚未彻底改观。个别地方教育数字基座因开发主体未严格执行建设标准和规范，导致与上级平台对接存在接口技术不匹配。三是学校在教育数字化转型方面缺乏系统思考，改革创新意识有待增强。

区域教育现代化呼唤教育数字化治理。当前，长三角内实现数据整合和平台统一数字校园规范化建设的各级各类学校比例、实现校园物联网感知和智能教学常态化应用的学校比例、实现数据驱动个性化学习指导的学校比例仍待进一步大幅提升。同时，基础教育阶段智慧学校发展任务依然艰巨。另外，教育数据安全问题、网络边界问题等，也越来越需要引起高度关注。

二、创新教育科技人才一体化发展的数字化治理

长三角作为国家重要的科技创新策源地、人才集聚高地和教育现代化发展先行区，承担着推进教育、科技、人才"三位一体"融合发展试验田和先行先试的光荣使命。上海作为长三角区域的龙头城市，教育数字化治理按照内容为本的原则，聚焦教育、科技、人才一体发展是必然要求，同时是发挥教育数字化转型引领示范功能的内在需要。

教育科技人才一体化发展的数字化治理，核心是发挥我国制度优势和长三角一体化发展优势，建立有效的多部门数据信息统筹协调机制。这要求破除行政区划壁垒和地区部门分割，打通教育内外相关数据信息渠道，充分利用先进技术和智能化手段，打造教育治理的算力

底座，努力实现对象可联接、应用可模型、决策可计算。同时，聚焦人口预测、科技创新策源、人力资源开发、人才供给结构优化、教育规模结构布局优化升级等重大战略问题，加强系统应用场景及监测评估结果深度应用，充分利用深度学习、预训练内容生成式 AI 等行业先进技术及解决方案提升服务应用能级，为国家和各地教育管理者提供更全面、更精准、更及时的系统应用服务场景。联合专业化力量，广泛汇聚海量资源，不断推进数据整合共享，探索建立统一数据标准，打造涵盖政府、高校、科研机构和企业的联盟，培育人才链、创新链与产业链有机衔接的良好治理生态。

三、开展一体化数字化的教育监测评价

中共中央、国务院印发《长江三角洲区域一体化发展规划纲要》，提出"率先实现区域教育现代化"研究发布统一的教育现代化指标体系，协同开展监测评估，引导各级各类学校高质量发展。受教育部发展规划司委托，在上海市教育委员会的指导下，上海市教育科学研究院教育现代化与人力资源开发研究团队经反复论证提出指标体系基本框架，汇聚多方智慧、经验和研究成果。2021 年 4 月正式印发《长三角教育现代化指标体系（试行）》。2021 年 8 月底，教育部正式启动长三角教育现代化监测评估相关工作。

实施长三角区域一体化数字化的教育现代化监测评价，是提升教育治理体系与治理能力现代化的内在要求。国家实施长三角区域一体化发展战略，不仅带来人口与人才的便捷流动、加速流动，而且带来区域之间教育发展协作需求的增长。在此背景下，为了促进区域教育

协作，有必要建立健全监测评估信息提供机制。而事实上，区域教育协同治理中往往存在着信息壁垒，行政区划内部教育发展的数据孤岛依然存在，区域教育协同中数据割裂的问题更为广泛存在，分头零碎采集的数据如何转换为良好教育治理的问题并未有效解决。这意味着，衡量长三角教育治理体系与治理能力现代化的水平，关键并非教育数据采集的大体量，而在于建立成熟的监测评价制度，改变传统数据的零散化、碎片化、静态化，为区域教育协同提供充分有效信息支撑。

图 3-1　长三角教育现代化监测评估系统示意图

区域一体化数字化教育监测的价值在于服务区域发展的科学决策和精准施策。重监测、轻运用，重数据分析、轻政策调适，不利于持续推进区域教育现代化。没有监测评估结果应用于区域一体化发展政策调适，监测评估数据转化为决策证据的过程就没有完成。监测评估结果运用于政府决策的机制建设，事关教育现代化大局全局。在长三角区域一体化和率先实现教育现代化目标背景下，科学运用的核心是什么？核心是建立区域教育现代化发展目标分解机制、监测评估结果的反馈机制、长三角区域教育发展重点问题难点问题协商机制。只有如此，开展一体化数字化的教育监测评估的价值，才能实现最大化。另外，长三角的高校、智库、第三方专业机构数量广泛，参与区域教育现代化监测评估的需求也日趋增强。这要求区域教育现代化监测评估走向多元、伙伴式监测。

第四章
上海超大城市教育数字化治理的路径优化

习近平总书记在主持中共中央政治局第五次集体学习时指出："教育数字化是我国开辟教育发展新赛道和塑造教育发展新优势的重要突破口。"[1] 教育数字化作为重要突破口，不仅强调了其重要价值，也意味着教育数字化转型面临着诸多的挑战，以及转型过程中技术应用带来不确定性影响。在建设教育强国的新征程上，推进教育数字化治理需要坚持问题导向和目标导向，突破瓶颈、破除壁垒，在优化路径与调整策略中提升治理能力现代化。

上海超大城市教育数字化治理能力现代化，是以教育新模式、新理念为引领，超越技术逻辑主导的信息化建设模式，寻找新技术加速应用与实现教育发展模式创新变革之间的有机结合点，破除教育数字化转型中的体制机制壁垒，以数字化治理为杠杆撬动教育系统整体变

---

[1]《习近平主持中央政治局第五次集体学习并发表重要讲话》，中华人民共和国中央人民政府网，2023 年 5 月 29 日。

革。只有如此，才能推动数字教育资源共建共享、互联互通，赋能区域内教师和学习者，催生未来教育的新业态、新模式，努力形成政府、教育研究机构、技术开发及运行维持专业机构、学校深度参与和联动合作机制，让更多元的主体深度参与教育数字化转型，构建良好的教育数字治理生态。

上海作为长三角的龙头，推进教育数字化治理能力现代化，是立足长三角一体化发展的战略高度，对标长三角率先实现教育现代化目标要求，补齐教育数字化建设短板与薄弱环节，着力推进教育数字基座模式创新、教育数字公共产品创新、基于数字孪生的学校数字化转型发展，提升师生信息素养和数字技能，提高公众对学校信息化建设的满意度，并推进长三角区域教育数字化协同监测评估，努力为长三角教育数字化转型提供示范引领，让教育数字化成为引领长三角教育现代化与高质量发展的强大引擎。

第一节　创新教育数字基座模式

数字基座是数字化转型中不可或缺的基础设施，是支撑数字化转型和运营的核心技术和基础设施平台，涵盖了数据存储和处理设施、网络基础设施、云计算服务、大数据分析工具及各种软件和应用程序。教育数字基座是为支撑和促进教育数字化发展的一套基础设施和技术平台，通常包括一系列的技术、工具和服务，旨在通过数字化手段优化教育资源配置、提升教育教学与管理评价效率、增强学习体验并支持个性化学习。

教育数字基座具有数据汇聚和分析功能，支撑基于大数据的精细化管理，推动政府部门根据数据分析结果制定更加精确和针对性的政策，并助力建立教育质量评价和监控体系，全面了解区域教育质量状况，及时发现问题并采取措施进行改进；引导学校利用大数据技术分析学生的学习需求和教师的教学效果，不断优化课程教学改革、教师专业发展和资源配置。同时，教育数字基座具有互联互通功能，有助于促进政府部门、学校、家长和社会各方之间的沟通与合作，共同推动教育改革与创新。

传统的教育数字基座建设模式，主要侧重于基础设施建设、软件系统部署和资源集中管理。但随着技术的发展和社会需求的变化，创新教育数字基座建设模式则更多地关注于服务的灵活性与模块化、数据的智能化和生态的开放性。

一、集约化建设

教育数字基座的集约化建设，是指在推进教育数字化过程中，通过合理规划和高效利用资源，构建一个统一的、高效的、易于管理和维护的信息技术基础设施和服务体系。集约化建设的特点是：统一规划，有效整合和共享资源，通过集中建设数据中心、云平台等基础设施，实现资源的最大化利用，避免资源浪费；制定统一的数据标准和技术规范，确保各个系统之间能够顺畅地进行数据交换和互操作；服务集成，将分散的各种服务和应用集成到一个平台上，构建统一的平台或系统。

教育数字基座的集约化建设，前提是建立统一的标准和规范。标准先行并统一，旨在强调为所有学校提供一致性的服务，为未来所有智慧校园系统集成降低难度，这有助于打破信息孤岛，实现资源共享；统一的标准和规范还可以简化操作流程，减少学校在教育信息化建设中面临的技术壁垒，从而提高学校获得感。

专栏4-1　上海市长宁区推动教育数字化转型——校园更智慧　教学更高效

作为上海市的教育大区，长宁区教育信息化建设起步早、发展快，但对于区内一些规模较小的学校、幼儿园来说，单独进行信息化建设投入大、周期长、效率低、效果差。

为了降低信息化建设门槛，推动全区教育数字化转型中不落一子，长宁区教育局在长宁教育数字基座上，引入了不少免费应用，并增设了低代码开发功能，让学校教师和管理人员可以进行个性化的应用开发，满足一些日常使用需求。

"数据驱动深刻地改变了传统的教育教学模式，为教师的因材施教和学生的个性化学习提供了科学支撑，为教师深度参与个性化的应用研发提供了便利渠道，让技术更加贴合师生真实需求，更加有效赋能教育教学。"上海市长宁区教育工作党委副书记、教育局局长熊秋菊表示。

目前，上海市长宁区已完成区校两级数字基座核心功能建设与生态应用建设，进入常态化运行阶段，区内106所教育单位、6000多名教师和近6万名学生均已接入数字基座。

资料来源：教育部网，2023年2月3日。

　　教育数字基座的集约化建设，关键是教育数字资源的高效配置和利用。这有助于降低学校在教育数字化建设中的投入成本，为教育教学管理提供更全面的信息支持。在信息支持上，提供预置应用，包括通用的教育教学管理、教育资源、学生服务和通用工具等多个方面，覆盖区域内各个层次和领域的教育工作，满足各级各类学校数字化基础需求，为学校提供便捷、实用的教育数字服务。

　　教育数字基座的集约化建设，最终将形成教育系统组织机构一张网。采用可信的身份认证技术，为教育用户提供权威认证机制，确保学校、教师和学生在使用教育数字化应用时的信息安全和隐私保护；构建一个集成式的教育门户，将各类教育应用整合在一个统一的平台上，利用单点登录技术，实现用户在一个平台上的身份认证，从而免去生态系统中其他关联应用重复登录的麻烦，为学校、教师和学生提供一个统一、易用的教育数字化应用访问入口；每位用户拥有一个独立的数字空间，通过大数据技术收集、整理和分析教育活动中的各类数据，为每位用户生成详细的数字档案，为每位教育的参与者存储和管理个人的学习资料、学习过程、学习结果、评价结果和工作资源等个人信息；学生可以在个人数字空间中查看自己的学习进度、课程成绩，制定学习计划；教师可以在个人数字空间中管理课程资源、查看教学评价，根据学生的数字档案进行个性化教学；学校可以根据数字档案评估教师的教学质量和学生的学习成果，为课程设置、管理方式变革提供依据；家长可以在个人数字空间中查看学生的成长记录；教育主管部门可以关注教育发展状况，关注每所学校的教育进展，为决策和政策制定提供依据。

二、个性化应用

伴随我国加快构建高质量教育体系与人工智能赋能教育步伐的加快，个性化的学习、教学、管理与评价的需求不断增长。习近平总书记在主持中共中央政治局第五次集体学习时强调，基础教育既要夯实学生的知识基础，也要激发学生崇尚科学、探索未知的兴趣，培养其探索性、创新性思维品质。要建设全民终身学习的学习型社会、学习型大国，促进人人皆学、处处能学、时时可学，不断提高国民受教育程度，全面提升人力资源开发水平，促进人的全面发展。同时，技术创新使得个性化应用变得更加可行和有效，例如通过虚拟现实（VR）、增强现实（AR）等技术提供沉浸式学习体验。在上述多重背景下，个性化应用成为创新教育数字基座建设模式的重点。

教育数字基座建设的个性化应用，旨在基于不同地区和文化背景、教育需求差异，更好地满足学习者多样化需求。其核心是适应学生学习能力、兴趣爱好、学习习惯等差异，帮助每位学生找到最适合自己的学习路径；实现精准教学，根据学生的学习进度和水平调整教学内容，帮助学生克服学习障碍，提高学习效率；增强参与度，通过提供与学生兴趣相关的学习材料，可以提高他们的学习兴趣和参与度，从而更好地吸引注意力和激发学习热情；促进教师专业发展，支持教师借助个性化应用提供的数据分析工具，了解学生的学习情况，从而进行更有针对性的教学和学习指导。对于超大城市而言，个性化应用，有助于教育资源更加均衡合理地配置，缩小城乡之间、不同经济条件家庭之间的教育差距，确保每一位学生都能够获得高质量的教育资源。

教育数字基座建设的个性化应用，重要抓手在于探索基于数据融合的教育创新场景。在超大城市，教育创新场景的建设与应用，旨在基于教育数字基座，打破空间限制与校园孤岛，全区域推广教育创新成果，降低数字校园建设门槛。教育创新典型场景的开发、推广，有赖于选取具有先进教育理念和良好教育实践的学校作为创新示范校，鼓励学校与科研机构、企业合作，引入先进的教育理念、教学方法和教育技术，开展数字化转型试点项目，探索适应新时代教育需求的教学方法、管理手段和评价机制，形成一批本地区的成功案例，打造一批标杆校；同时，将标杆校的成功经验和实践成果进行总结、提炼和推广，形成可复制、可推广的标准化解决方案，快速实施数字基座模式，形成区域推进的新格局。作为上海市首个教育数字化转型实验区，长宁区正全力打造教育数字化整区建设的"标准化＋个性化"模式，"标准化"保证了数据的互通互联，"个性化"推动着应用的百花齐放。"低代码应用"让更多教师参与实践。数字基座是一个中枢，为全区师生的教育数字化转型实践提供了公平、开放、包容的参与环境。在这里，人人都是主角，知识共学、数据共研、价值共创。整区推进数字基座建设，主要目的是让师生都能参与到教育数字化转型的实践中来，以数字赋能实现育人模式变革，以数字驱动为每个学生提供适合的教育。[1]

三、生态化运营

受技术迭代更新加快、降低成本和提高规模效应等因素影响，生态化运营对于创新教育数字基座建设模式显得至关重要。生态化运营，旨在更好地适应技术的发展趋势，为用户提供最新的教育工具和服务，提升教育数字基座建设的整体效能，同时，通过建立开放的合作机制，不同的服务提供商可以在同一平台上提供互补的服务，实现资源和服务的最大化利用，促进多方合作与共赢，确保教育数字服务的高质量。

教育数字基座的生态化运营，核心要义是多主体之间的合作创新。生态化运营模式，鼓励政府、企业、学校、教师和学生等多个主体参与到教育数字化转型的过程中，形成一个多元化的生态系统；倡导变革数字服务的供给方式，按照"政府定标准、搭平台，企业做产品、保运维，学校买服务、建资源"的模式，快速响应教育领域的变化和挑战，构建一个可持续发展的教育数字化服务体系，确保服务质量不断提高；鼓励教育研究机构、企业和社会组织共同参与教

---

［1］　仲立新、任朝霞：《上海市长宁区推进数字基座建设，上线六百八十四个数字应用——校园更智慧　教学更高效》，载教育部网，2024 年 1 月 4 日。

育数字资源的生产、传播和应用；学校在共享平台上发布优质教育教学资源和成熟案例，供其他学校借鉴和使用；企业将自主研发的教育产品和服务推广到平台，获取市场和用户反馈；社会组织也可以参与教育数字资源的策划和推广，提高教育公共服务的覆盖面和质量。

教育数字基座的生态化运营，关键路径在于创新教育数字化应用服务采购与运营模式。政府和学校可以通过与企业和科研机构的合作，采用购买服务、合作开发等方式，引入优质的教育数字化应用服务，共同开发和推广数字化教学应用、智能教育教学管理系统等产品乃至区域教育数字化整体解决方案，从而形成一种新型的创新合作关系。教育数字化应用的服务采购与运营模式，有助于培育开放、共享、可持续的教育数字化应用新生态，增强教育决策与管理、服务的关联度，整体改善教育治理水平，实现一个更加高效、公平和可持续的教育发展环境。

第二节　释放教育数据要素价值

《"数据要素 ×"三年行动计划（2024—2026 年）》是为深入贯彻落实习近平总书记关于发挥数据要素作用的重要指示精神和党中央、国务院决策部署，发挥数据要素乘数效应，赋能经济社会发展，特别制订的行动计划。该行动计划围绕激活数据要素潜能，强调要发挥数据的基础资源作用和创新引擎作用，以推动数据要素高水平应用为主线，以推进数据要素协同优化、复用增效、融合创新作用发挥为重点，强化场景需求牵引，充分实现数据要素价值，为推动高质量发展、推进中国式现代化提供有力支撑。

上海教育数字化治理的关键在于释放数据能力，这是因为它可以在学校层面提高教学质量和效率，在政府层面提升政策制定的科学性和有效性，在面向未来的层面上帮助教育系统适应不断变化的需求和挑战。

表 4-1　数据价值对教育数字化转型的影响

领域	功能	内　容
学校层面	个性化学习	数据分析使学校能够为每个学生提供定制化的学习计划，根据他们的学习方式、速度和兴趣调整教学策略
	教学质量评估	通过评估学生的参与度、成绩和反馈，学校可以及时调整教学方法，提高教学质量
	资源配置优化	数据帮助学校更有效地分配教育资源，如教师分配、课程安排和资金投入，确保高效使用
	学生成长跟踪	持续监测学生的学习进展，及时识别并支持那些需要额外帮助的学生
	家长和社区参与	数据共享能增强家长对学生学习过程的理解和参与，增强学校与社区的联系
政府层面	政策制定和调适	政府可以利用数据来评估教育政策的效果，基于真实的数据制定或调整政策
	教育质量监督	政府部门可以通过数据分析各学校和地区的教育质量，及时发现并解决问题
	资源配置	数据帮助政府了解各地区各校教育资源的需求和分布，合理配置资源
	促进跨部门合作	教育管理部门与其他部门合作，数据互通，形成更全面系统的数据体系
	增强公众信任	数据的公开和分析能提高政府在教育领域的透明度，增强公众对政府的信任

（续表）

领域	功能	内　　容
面向未来层面	适应未来需求	基于数据分析未来趋势和市场需求，教育系统可以调整课程和学生培养方式，以培养未来社会所需的技能
	技术创新	数据分析促进新教育技术的开发，如 AI 辅助教学、虚拟现实等
	教育趋势洞察	基于数据分析，掌握全球教育的最新趋势和实践，借鉴并进行创新和改进
	终身学习	基于数据分析，可以更好地掌握各年龄段和职业阶段人群的学习需求，促进终身学习
	应对社会挑战	通过数据分析可以更加精准地掌握经济产业变化、人口结构变动和社会事业需求等，便于教育系统作出相应的应对

在推动城市数字化转型过程中，上海在释放数据能力方面已经取得了一定的进展。"数字城市底座"的顶层设计目前已基本成型[1]，数据贯穿了数字底座建设的各个环节，作为未来上海数字底座的重要支撑，数据要素将加持人工智能技术，逐步赋能各个行业领域。上海教育数字化转型是城市数字化转型中的重要组成，5G 教育数智专网覆盖了学校教育、家庭教育全业务、全流程教学数字化场景，未来上海将进一步聚焦"数据、资源、基座、教师、学生、场景、环境、安全"八个方面，通过推动上海教育大数据的综合开发和利用，推进上海智慧教育平台和数字教育资源建设与应用，推进数字化赋能学校综合治理，实施"数字化赋能教师发展行动""数字化赋能学生成长计划"等方式，深入推进教育数字化转型[2]。

［１］　吴天一：《上海"数字城市底座"四大基建领域已基本成型》，澎湃网，2023 年 7 月31 日。

［２］　童言：《数智教育已来，上海教育数字化转型势头如何？》，第一财经网，2023 年 11 月21 日。

一、数据要素 × 普惠性教育公共服务

提升普惠性教育公共服务水平是教育现代化发展的重要衡量指标，是办好人民满意教育的重要保证。国务院印发《深入实施以人为本的新型城镇化战略五年行动计划》，围绕健全常住地提供基本公共服务制度，要求把握人口流动客观规律，推动相关公共服务随人走。各地区在动态调整基本公共服务配套标准时，要增加常住人口可享有的基本公共服务项目，按照常住人口规模优化基本公共服务设施布局。推进居住证与身份证功能衔接，健全以公民身份号码为标识、与居住年限相挂钩的非户籍人口基本公共服务提供机制，稳步实现基本公共服务由常住地供给、覆盖全部常住人口。显然，健全基本公共服务制度，不仅需要常住人口规模动态数据的支撑，而且需要人口流动的预测数据。

数据要素在普惠性教育公共服务中的作用释放，涉及面广、社会关注度高，主要功能定位是：着眼于提高教育公共服务便利化程度，科学运用人口出生规模、流动变化趋势数据，统筹考虑产业调整、城镇化进程和人口变化等因素，加强教育资源的优化配置，确保学校布局与资源配置前瞻性、科学性和公平性，缩小城乡教育差距，提高公共教育服务供给平衡性和充分性；同时，提高社区文化教育公共服务设施 15 分钟步行可达覆盖率，提高婴幼儿家庭接受科学育儿指导和咨询服务水平，满足社区中 0—3 岁婴幼儿托育服务需求，完善以科学育儿指导中心、指导服务站为主的覆盖街镇的科学育儿指导服务体系，实现中心城区街镇普惠性托育服务点的全覆盖等。

根据超大城市治理特点与教育发展目标要求，有待进一步加强数据要素的释放，提升教育公共服务品质，增强人民群众的教育获得感

和满意度。

挖掘分析学区化集团化办学、骨干师资流动、师资培训参与度方面数据，推进区域内的高校和研究机构通过联合项目、学术交流、学生指导等方式提高基础教育办学质量，加强优质教育资源共建共享。

充分利用信息技术与人工智能为"双减"（即减轻学生作业负担、减轻学生校外培训负担）服务，应用信息化手段扩大线上学习资源、智能化作业工具等优质资源供给，应用数字资源服务课堂教学、服务个性化学习、服务分层作业、服务课后服务，运用人工智能重组教育材料、重设教育环境、重塑教育过程、重构教育评估[1]，为师生创建有利于减负增效提质的育人环境。完善信息化管理平台，对课后服务实现智能化管理。从长三角的实践来看，上海的杨浦、青浦、崇明等部分区已率先在"随申办"本区旗舰店正式上线"校内课后服务"功能，实现了课后服务的网上申请与管理。浙江的之江汇互联网学校推出课后学习服务专区，丰富课后学习服务供给。杭州市拱墅区自主研发"墅智托管系统"，围绕托管服务工作打造一系列数字化应用场景。金华市开发了"金托管"数字化课后服务平台，实时发布学校托管课程、授课老师和授课标准等内容。安徽省合肥市正式上线"合肥市中小学课后服务平台"，通过一站式的课后管理系统，引入多方课程资源，落实常态化监管，助力各校课后服务工作全面升级。亳州市课后服务管理平台为课后服务提供政策发布、监督监测、统计分析、资质审核、班级管理、智能排课、课程查询、选课报名、缴费退费、课时结算、数据云端集聚等全流程服务。安徽安庆大观区利用数字化手段

---

[1]　陶蕾、杨欣：《"双减"的价值证成与时代路向》，《中国电化教育》2022 年第 3 期。

打造了"云端+"课后服务管理新模式，通过"课后服务数据化管理平台"智能衔接学校、家长、服务机构三大端口，实现点名、考勤管理、双向互评等功能。

支持教育机构融合利用科技、就业、心理、文化、家庭背景等多元数据，通过大数据分析技术，精准识别不同地区、不同群体的学习需求，为学生提供个性化学习路径推荐和定制化教育资源，加强创新人才早期发现和识别，提升教育服务的针对性和有效性。加强各类人才对教育需求与满意度的监测数据采集分析，有针对性地吸引和留住更多的专业人才和高端劳动力，为区域的经济发展和创新活动提供强有力的人力支持。

跟踪比较科学素养调查数据，加强中小学生科学素养监测，助力中小学科学教育试验区和试验校建设，支持张江、大零号湾等区域有组织开展学生科学素养提升试验，强化中小学与社区内各类科技场馆、文化场馆的协作以及科学家、工程师的参与，提升全民科学素养。

依托在线教育平台和技术手段，为社会成员提供便捷、灵活的学习机会，促进终身学习体系构建。结合职业发展、技能提升等需求，开发适应性强的在线课程和培训项目。利用大数据分析，追踪学习者的职业发展路径和技能需求变化，及时调整课程设置和教学内容，满足个人和社会发展的需要。

二、数据要素 × 城市教育精细化治理

超大城市治理，是世界性的命题。城市规模越大，治理面对的问题越复杂。教育精细化治理，是超大城市治理能力现代化的重要体

现，是满足市民对高质量教育需求的重要保证。面对人口密集、流动性大等超大城市特有的挑战，教育精细化治理有助于更精准地优化教育资源配置，更高效地满足教育多样化需求。同时，超大城市通过教育精细化治理，可以在国际上树立良好的教育形象，成为其他国家和地区借鉴的典范。上海市第十二次党代会报告指出，要牢牢把握城市生命体、有机体特征，以治理数字化牵引治理现代化，推动城市治理模式创新、治理方式重塑、治理体系重构，全面提升科学化、精细化、智能化水平，探索超大城市治理新路。[1]

有效发挥信息技术和数字化治理在社区协同育人中的作用，搭建学校、社区及社会教育资源的共建共享信息平台，促进各类资源的贯通融合。为每一位教师和学生推送精准教育服务，朝着实现社区中教育资源信息化、管理信息化的方向创建形式多样的数字化学习社区，推动构建学校家庭社区协同育人新机制，提高社区层级教育数字化治理现代化水平，促使每一所学校均建立家长委员会，并推动学校适应社会对优质教育需求的日益增长、城乡居民家庭可支配收入的增加、公众权利和民主意识的增强，科学调查社区居民参与教育的需求，健全家长学习培训机制，建立健全家庭教育协同支持体系，鼓励各级各类学校开放办学，形成家长、社区、用人单位、群团及社会组织等共同参与学校治理的常态机制，提升社区参与学校治理程度，鼓励各级各类学校与社区建立互助互利、共同发展的合作关系。

---

[1]　李强：《弘扬伟大建党精神　践行人民城市理念　加快建设具有世界影响力的社会主义现代化国际大都市——在中国共产党上海市第十二次代表大会上的报告》，上海市人民政府网，2022年6月30日。

专栏4-2 上海数字赋能科学育儿指导服务

近年来，上海积极探索以数字技术赋能科学育儿指导服务，构建了支持线上指导的媒体矩阵，"互联网+科学育儿指导"不断推进，上海学前教育网、科学育儿指导官微等多个媒体共同发力，实现了线上服务触手可及、线下指导近在家门口、精准指导工具方便易用。上海还将"育儿周周看"手机报升级为"育之有道"App，提供精准贴合孕期及宝宝年龄、符合用户行为和偏好的应用服务，帮助家长即时、方便地获取指导。仅2023年，"育之有道"的全市0到3岁婴幼儿家庭注册人数已达99306人，在线接受指导超过百万次。

2023年，上海将科学育儿指导服务纳入"一网通办"的"出生一件事"，全市新生儿家庭在迎接新生命的同时可申领《上海科学育儿指导服务手册》。同年，上海在"育之有道"推出"托育服务随心查"，搭建家长需求与资源供给精准对接的桥梁，为家长提供幼儿园托班、托育机构、社区托育宝宝屋、科学育儿指导服务站等各类托育服务点位查询服务，全面承载"15分钟社区托育服务圈"的线上宣传与导航，上线以来机构被访问量已超20万次。

资料来源：光明新闻网，2024年2月6日。

推进教育数据共享机制，在确保数据安全和个人隐私保护的前提下，建立跨部门、跨区域的数据共享平台。整合城乡教育资源信息，缩小城乡、区域之间的教育差距，确保所有学生都能获得高质量的教育资源。利用数据分析技术监测教育投入产出效率，优化资源配置，实现教育资源更加公平地分配。从国际上看，幼儿园资源配置成为数字化治理场景的重要领域。日本的一些幼儿园使用资源管理系统，记录和追踪教学设备的使用情况，确保设备的正常运转和及时维护。例如，系统能够自动提醒设备的保养和维修时间，防止设备故障影响教学活动。英国的幼儿园使用教职工管理系统，优化教师排班、绩效考核和培训安排，提高了教职工管理的效率和效果。例如，通过系统自动生成的排班表，幼儿园能够合理安排教师的工作时间，确保每个班级和活动区域都有足够的人员支持。芬兰的幼儿园使用健康档案系统，详细记录每个幼儿的健康信息，确保每个幼儿都能得到个性化的健康管理和照顾。系统的易用性和高效性提升了管理效率，也为教师提供了重要的参考数据。

推动教育模式创新，鼓励教育机构与科研机构合作，探索基于数据的教育新模式。利用大数据分析和人工智能技术，开展教育模式创新实验，如智能辅导系统、虚拟实验室等，提升教学效果。同时，通过数据驱动的方法，探索教育科研的新方向，促进教育理论与实践的紧密结合。

增强教育质量监测与评估，运用大数据和人工智能技术，对教育过程进行实时监测和评估，包括教学质量、学生参与度、学习成果等方面。建立基于数据的教育质量评价体系，为教育决策提供科学依据。同时，利用数据分析结果改进教学方法，提升教师专业能力，保证教育质量持续提高。

三、数据要素 × 区域教育一体化治理

　　区域教育一体化治理，是指在一定地理范围内，通过整合教育资源、统一规划和管理，实现区域内教育的协调发展。这种模式有助于打破行政区划带来的壁垒，通过资源共享和优质教育资源的均衡分布，缩小区域内不同地区之间的教育差距，为更多学生提供接受高质量教育的机会。同时，区域教育一体化治理有助于增强协同效应，推动区域内学校、教育机构之间形成良好的合作机制，协同推进教育改革和创新等活动，增强区域教育的整体竞争力和国际影响力。

　　上海作为长三角的龙头，促进区域教育一体化治理，是落实区域协调发展战略，对标长三角率先实现区域教育现代化目标的要求。2023 年 11 月 30 日，习近平总书记在上海主持召开深入推进长三角一体化发展座谈会并发表重要讲话。习近平总书记在讲话中指出：长三角区域要加快完善一体化发展体制机制。必须从体制机制上打破地区分割和行政壁垒，为一体化发展提供制度保障。要增强一体化意识，坚持一盘棋思想，加大制度和体制机制创新力度，在重点领域重点区域实现更大突破，加强各项改革举措的系统集成和协同配合，推动一体化向更深层次更宽领域拓展。要循序渐进推进基本公共服务制度衔接、政策协同、标准趋同，分类推进各领域公共服务便利共享。

　　当前，长三角一体化发展正在走深走实，但长三角一体化发展有许多深层次问题有待进一步破解，重点领域、重点区域一体化尚需努力。长三角区域教育现代化整体水平走在全国重要战略区域的前列，

但区域教育一体化治理水平仍需进一步提升。长三角教育利益协调机制有待完善：从顶层设计层面看，与区域内其他行业及领域相比，区域教育一体化合作发展体制机制建设滞后。加快区域教育一体化治理，核心要义是破解区域教育协同中的体制壁垒、数据壁垒，充分释放数据要素的功能，动态把握人口与人才的便捷流动、加速流动趋势，深化对区域教育协同治理的认知，为推进区域教育协同提供动态信息，不断完善区域教育协作机制。

强化区域教育改革发展及合作共商信息共享沟通机制。建立长三角教育现代化发展及教育治理的信息共享平台，统一数据标准和规范，明确共享信息的范围和质量要求以及信息共享的流程和责任主体，集成教育行政部门和学校的部分数据资源，实现教育数据的共享利用。通过定期召开长三角教育行政部门及多层面的跨区域联席会议、开展线上线下交流活动等方式，促进各教育主体之间的有效沟通和协商，共同解决和应对区域教育治理过程中的问题与挑战，共创区域教育现代化一体化高质量发展新格局。

联合构建区域教育协作监测信息体系。推进教育数字化治理是破解区域教育治理协作壁垒的突破口，依托区域内教育现代化研究与监测评估机构的专业力量，通过协作监测体系建设，健全区域教育现代化一体化发展长效机制。对标世界最先进水平和标准，建立形成一套系统、权威、彰显中国特色、区域特点、具有国际可比性的教育现代化发展监测评价体系及实施机制，为政府决策、学校办学方向研判、全社会信息获取提供支撑。

构建一体化数字人才服务平台。基于长三角地区毕业生供需云平台、G60科创云、长三角人才云市场和长三角人才网等现有的平台，开发基于云计算和大数据技术的长三角统一数字人才市场，集成各省市的人才数据库，利用人工智能算法实现精准推送和个性化匹配，让合适的工作机会主动找到符合条件的人才。建立区域内统一的职业技能认证标准及数字化证书管理体系，方便企业和个人实时查询、验证人才资质，提升人才流转效率。利用大数据分析技术，对长三角区域内的产业结构变化、新兴行业发展趋势以及企业用人需求进行深度调查和科学预测，及时调整人才培训和引进策略，确保人才供应紧跟市场需求。综上措施，实现深度数字赋能，加快劳动力供需转变，从"人找工作"走向"工作找人"，推动长三角率先建立起更加智能、高效的人才供需服务体系，搭建连接劳动力市场需求和人力资源供给的智能桥梁。

第三节　推进教育数据多主体全生命流程设计

围绕数据开展数字化治理，把数据要素作为突破口，是当前直面挑战、破解负面影响和不确定性因素，加快推动上海教育数字化转型全方位落地现实可行的路径。

一、设计思路

在教育数字化转型过程中，学校和政府部门是最重要的主体。学校和政府部门在教育数字化治理中的共同努力是实现高效能治理的关键。学校作为实施者，直接参与到转型的各个方面，而政府部门则提供必要的政策、资源和监管支持，确保转型过程的顺利进行。

学校作为转型主体：学校是教育数字化转型的执行者，负责实施具体的数字化解决方案和新教学方法；学校也是教育创新的试验场，能够测试和评估新的教育技术和方法的有效性；学校提供了关于教育数字化转型的直接反馈，进而影响转型策略的改进和调整；学校负责培养适应数字化时代的学生，确保他们具备必要的技能和知识。

政府部门作为转型主体：政府部门负责制定教育数字化转型的政策框架和指导原则；负责分配必要的资源和提供财政支持，以促进教

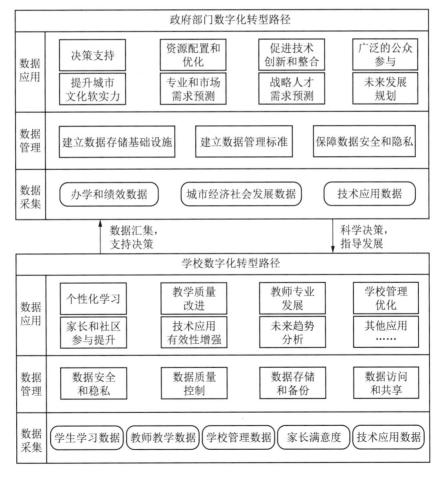

图 4-1　上海教育数字化治理路径设计示意图

育数字化的实施；制定相关标准和规范，确保转型过程的质量和安全；政府部门在教育数字化转型中扮演协调者的角色，确保教育系统的转型与其他城市系统的转型相协调。

从数据采集到数据管理再到数据应用是数据开发的全生命流程，也是教育数字化转型的全生命流程，涵盖教育数字化转型的各个环节。

数据采集：数据采集是教育数字化转型生命流程的起始点，涉及收集教育过程中产生的各种数据，包括学生的学习行为、教师的教学方式、课程体系、学校的办学条件等，这些数据构成了整个数字化转型过程的基础，是后续所有决策和改进的依据。

数据管理：数据管理是处理、保护和确保收集到的数据质量的关键环节，包括数据存储、数据清洗、数据保护和隐私保护等；良好的数据管理确保了数据的准确性和可靠性，为数据的有效应用奠定了基础。

数据应用：数据应用是数字化转型流程的终点，也是基于收集和管理的数据来改进和创新教育体系的新起点；使用数据进行分析、洞察和预测，以支持教育决策、个性化教学和教育政策制定等，是实现教育数字化转型目标的关键。

二、学校数字化治理路径设计

学校在实施教育数字化治理中，应综合考虑家长、学生和教师的需求，以及适应未来的需求。提升学校的数字化治理现代化水平，要按照数字化转型的全生命流程规划设计。

（一）数据采集

学生学习数据：采集学生的学习情况和进展方面的数据，包括学科成绩、课堂行为、在线学习、作业提交和学习反馈等。

教师教学数据：采集学校内教师教学相关的各种数据，用于评估和改进教学质量，包括教学计划、课堂互动、学生评估和教学反馈等。

学校管理数据：采集学校日常管理和运行方面的数据，用于提升学校运行效率和透明度，提升管理质量。

家长满意度：采集家长对学校教育质量的看法，包括课程设置、教学方式、校园安全和学校设施等方面的数据。

技术应用数据：采集学生和教师使用教育技术的情况，包括在线教学系统、虚拟现实、增强现实、人工智能等辅助学习工具的相关使用情况。

（二）数据管理

数据安全和隐私：使用加密技术、防火墙、安全协议和访问控制机制，保护存储和传输过程中的数据免受未经授权的访问、泄露、篡改或破坏；遵循相关的法律法规，确保个人信息的保密性，谨慎处理学生和教师的个人数据，确保这些信息仅用于提升教育质量和效率的目的，并且得到妥善保护。

数据质量控制：定期进行数据清洗、验证和更新，以去除错误、重复或过时的信息；确保数据的一致性和标准化，使其适用于跨平台分析和应用。

数据存储和备份：综合考虑数据的存储成本、可扩展性和可靠性，选择合适的存储解决方案，如云存储或本地服务器，建立稳定的数据存储系统，确保数据的安全存储和易于访问；建立有效的备份策略，定期创建数据副本，并存储在物理位置分离的服务器，以防止数据丢失、损坏或因灾难性事件（如火灾、洪水或网络攻击）而无法使用。

数据访问和共享：平衡开放性和保密性，建立有效的数据访问和共享策略，确保数据可以被授权的个人和部门安全地访问，同时防止未经授权的访问。共享数据时，要遵守相关的法律法规，确保学生和教师等人的信息得到妥善处理。

（三）数据应用

个性化学习：利用收集和分析的数据，依托科学的数据分析方法和先进的技术，识别学生的学习模式和预测其学习成果，开发定制化的教学内容和学习活动，提供适应性学习路径和支持。

教学质量改进：基于学生学习成绩、学习参与度、学习反馈及教师的教学方法和课堂互动等数据的细致分析，识别教学策略和教学内容的有效性，实现针对性的教学调整，优化课程设计，并提高教师的教学效果。数据分析也可揭示学生在特定学科、知识点方面的薄弱点，从而使得教师可以及时进行干预，提供额外的支持和资源。

教师专业发展：基于学生学习成绩、学习参与度、学习反馈及教师的教学方法和课堂互动等数据的细致分析，还可以使教师洞察自己教学方法和材料的有效性，识别自身的教学强项和需要改进的领域，从而进行针对性的专业培训和自我提升。

学校管理优化：基于学生学习数据、教师教学、学校资源使用情况、课程设置以及日常管理运营等信息的分析，支持学校管理者做出科学的决策。如识别学校资源配置中的不足之处，优化预算分配，改善教学和学习环境，支持学校在招生、课程规划、师资安排和学生服务等方面做出更有效的策略调整，及时响应学生、教师和家长的需求和反馈，提升学校管理效率、透明度和公众满意度。

家长和社区参与提升：用数据向家长和公众展示学生的学习进展、课程效果、学校活动和教育成果，使得家长可以更深入地了解自己孩子的学习状况，并据此提供更有针对性的支持；增强公众对学校工作的信任和支持；鼓励家长和社区成员对学校政策和课程安排提出有针对性的建议和支持，促进学校与家长及社区的紧密合作。

技术应用有效性增强：基于各类教育管理、教学和师生行为的数据分析，教育技术可以被定制化和优化，教学工具和资源可以适时调整，用户界面、机器算法或人机交互等功能得到改进，用户可以得到适配的技术解决方案，确保教育技术投资的最大效益。

数字孪生综合解决方案：以 5G、物联网、大数据及云计算为技术基座，通过"全要素采集、全数据联通、全视角应用、全生态建设"，实现数字校园、数字学生、数字教学三数体系，打造集数字化智能物联、数字化教育教学、数字化学生评价于一体的数字孪生综合解决方案。

未来趋势分析：通过各类教育管理、教学和师生行为数据的深入分析，学校能够获得宝贵的洞察结果，进而调整教育目标、优化资源分配、改进教学方法和课程设计并加强基础设施建设等，有效地响应当前的教育需求和挑战；数据分析还可以预测未来的教育发展趋势和需求，从而指导其制定精准、创新且实效的战略规划，确保学校在不断变化的教育环境中保持竞争力和可持续发展。

专栏 4-3　数字变革助推教育"数治"升级

以智能升级创新教育治理模式

2022 年，联合国教育变革峰会提出，要利用数字革命为公共教育造福，数字技术能够推动优质教育资源共享，支撑科学决策，并在师生综合评价、教育资源分配、教育质量评估、绿色校园建设等方面发挥着重要作用，为教育治理赋能增效。

上海市人民政府副秘书长王为人对此十分认可。他表示，教育数字化转型是教育现代化的重要内容，不仅可以赋能教、学、考、管、评各环节，而且打破了教育教学过程的时空限制，以前所未有的方式推动教育管理和服务流程再造。"这对于提升教育治理能力、推动教育高质量发展，具有非常重要的意义。"王为人指出。

以数字化驱动治理体系和治理能力升级

在培养公民掌握未来所需的数字技术方面，芬兰走在全球前列。"芬兰一直以来都在引领数字转型，也就是所谓的'数字指南针'，希望能够去更好地为人们提供指导，首先去推进社会的数字化转型，也会去辅助包括教育和培训在内的生活方方面面的数字化转型。"芬兰驻华使馆参赞奥利·索米南说。

高校如何以数字化驱动治理体系和治理能力升级？

"我们推动基于大数据的顶层管理体系建设，探索建立数字化评价平台，为学业和生涯发展提供个性化督导。"东华大学党委书记刘承功表示，应当建设更有效率更加安全的数字治理体系，共建共享数字化教育资源体系。

联合国教科文组织甘地和平与可持续发展教育研究所数字学习与人工智能部门负责人施坦舒·米什拉则提议，打造 AI 教育体系的"数字公寓"，用来管理处理分享所有教育数据。"'数据公寓'的目标是要确保有效保护公共利益，从而带来规模经济价值，实现学习成果的最大化。"

资料来源：教育部网，2024 年 2 月 1 日。

三、政府部门数字化治理路径设计

政府部门在实施教育数字化治理中，既要考虑到学校、社会公众和城市其他系统的需求，又要考虑到未来战略发展的需要。政府部门的数字化治理现代化水平提升，要按照数字化转型的全生命流程规划设计。

（一）数据采集

办学和绩效数据：采集教育系统运行的各种关键指标，包括校园管理、学生学习情况、学习质量测评、教师教学和满意度、学校设施使用情况、经费预算分配和用途、学生成长记录、家长满意度和社会公众评价等。这些数据可用于评估现有教育政策和项目的成效，识别需要改进的领域，并为政策制定和资源分配提供数据支持。

城市经济社会发展数据：采集人口、经济发展、财政、产业行业、就业、社会事业需求、城市发展、人民生活等方面的数据。这些数据代表了如何理解和响应城市层面上的教育需求与挑战，通过分析这些数据，政府能够洞察城市和经济社会发展的动态变化，从而在规划发展和资源分配中做出更加明智和前瞻性的决策。

技术应用数据：采集互联网、物联网、人工智能、大数据、虚拟现实等技术在教育领域的应用情况，包括技术应用于课堂教学、学校管理、分析评估、在线学习等方面的数据。通过分析这些数据，政府可以评估现有技术的效果，指导未来的技术投资和政策制定，确保教育技术资源的有效利用，并推动教育事业发展创新。

（二）数据管理

建立数据存储基础设施：部署高效、可靠的数据存储系统，如云存储服务或专用数据中心，确保所有关键数据的安全存储和高可用性，具备足够的容量来应对大量数据的存储需求，同时也需要有灵活性以适应数据量的增长和技术的变化。实施配套的数据备份和灾难恢复计划，以防数据丢失或损坏。

建立数据管理标准：制定明确的指导原则和规范，用于数据的收集、存储、处理和共享，确保数据的一致性、准确性和可比性，使得从不同来源和部门收集的数据可以被有效地集成和对比。标准化的数据格式和术语有助于跨部门的数据交流和分析，同时确保数据在整个政府体系内被一致地理解和使用。

保障数据安全和隐私：采用加密技术保护存储和传输中的数据，设立严格的访问控制和身份验证系统防止未授权访问，以及遵守相关的数据保护法规和标准以保护个人隐私。进行定期的安全审计和风险评估，以识别潜在的安全漏洞并迅速加以修复。

（三）数据应用

决策支持：分析从多个来源收集的数据，包括经济社会发展、人口、人民群众需求、教育事业发展进展和现状等，政府可以更准确地识别存在的需求、预测未来趋势，并据此制定更有效的政策。基于数据的洞察有助于确保政策决策基于实际数据和证据，而不仅仅是理论假设或直觉，从而提高政策的有效性和效率。

资源配置和优化：基于各类数据的分析和测算，政府可以更精准地理解不同区域和群体的具体需求，从而实现资源的有效分配和优化。如师资配置、学校布局结构调整、办学条件保障、信息化投入等多个领域的资源配置。政府能够识别哪些学校需要更多的投入，哪些策略最有效，以及如何调整资源分配以最大化其效益。

促进技术创新和整合：通过分析和应用收集的数据，政府能够识别新技术的需求和机遇，从而推动创新解决方案的开发，如智慧城市建设、公共管理服务系统。这不仅仅是人工智能、大数据分析和云计算等前沿技术的应用，还涉及将这些技术整合到现有的公共服务和管理框架中，提升服务质量和运营效率。数据的应用还将促进跨部门和跨领域的协作，使得不同的政府部门之间能够共享数据和资源，共同推进技术创新。

广泛的公众参与：政府提供开放数据平台，通过分析和共享数据，如教育事业发展情况、教育预算、政策效果、公共服务表现等，使公众能够便捷地访问、理解和使用这些信息。数据开放和共享有助于建立公众对政府的信任和信心并促进创新，研究人员、企业和社会团体能够利用这些数据来开发新的解决方案、服务和应用。此外，利用数字平台，如社交媒体和在线论坛，政府可以与公众进行更直接和互动的沟通，收集他们的反馈和建议，进一步促进政策和服务的改进，这种双向的沟通机制不仅使公众能够积极参与到政府决策和评估过程中，还有助于构建更加开放和协作的社会环境。

提升城市文化软实力：深入分析教育系统内关于学生的文化知识、态度、参与度，以及艺术和人文课程的效果等数据，能够深入了解文化教育的现状和挑战。基于数据分析结果，政府可以有效地规划和实施文化教育项目，促进学生对本地和全球文化的理解和欣赏。此外，还有助于政府识别文化活动对青少年发展的影响，从而设计更具吸引力和教育意义的文化活动。

专业技能和市场需求预测：通过分析教育、就业市场和产业发展的大量数据，政府能够识别未来所需的关键技能和能力，如数字素养、人工智能和大数据分析等，及时调整专业设置和职业培训项目，在劳动力发展、高等教育和职业培训政策制定中做出更有针对性和前瞻性的决策。

战略人才需求预测：基于大数据技术深入分析劳动力市场、人才培养和经济社会发展的数据，从而预测未来对不同领域和专业技能的需求，使政府能够及早识别关键行业和新兴领域中的人才缺口，如科技、医疗、先进制造和新能源等，进而指导教育政策和资源配置，确保教育系统能够及时适应并满足这些需求。通过对人才需求趋势的准确预测和响应，政府不仅能够优化其人才培养战略，还能够支持城市乃至国家的经济增长和社会发展目标。

未来发展规划：通过综合分析教育发展情况、人口动态、经济发展模式、社会变化趋势以及技术进步相关数据，预测未来的挑战和机遇。这种前瞻性分析使得政府能够制定更有效的长期战略和政策，确保能够及时应对即将到来的变化，如政府可以在城市规划中融入智慧学校建设、人口老龄化应对、新兴产业的发展或环境变化对教育需求的影响等。这种分析也有助于政府优化资源配置，投资于关键领域，比如教育、科技创新和基础设施建设，以提高城市竞争力和可持续发展能力。

第五章
上海超大城市教育数字化治理的监测指标

教育数字化治理现代化水平的提升，有赖于动态、科学的监测评估。教育数字化治理的监测评估，是实施教育数字化战略行动的必然要求，核心是制定教育数字化治理指标并采集分析数据，更好地了解超大城市在教育数字化治理方面的优势与不足，寻找优化和提升的方向，为推进教育数字化转型提供科学依据和证据支持。

第一节　教育数字化治理监测指标的设计原则

在教育数字化治理监测中，指标体系是实施监测的基础工具，其构建和研发涉及因素众多，需要坚持功能导向，贯彻落实习近平新时代中国特色社会主义思想和关于教育的重要论述，落实党和国家教育现代化的大政方针，体现党和国家相关法规、政策、工程、计划和相关重要文件精神和要求，聚焦服务教育强国建设，推进教育数字化治理目标的实现。一是立足监测评估上海超大城市教育数字化治理的总体水平、进展变化，综合分析评价推进教育数字化治理的规划与政策、举措成效，诊断不足、确定短板，为科学判断和把握教育数字化治理现代化水平提供可靠支撑，并通过及时反馈，服务科学决策和精准施策；二是在国内超大城市坐标系中分析判断教育数字化治理水平的所处方位、优势和差距，发掘典型，总结经验与启示；三是在可比较的国际大都市圈教育坐标系中，比较分析和判断上海超大城市及长三角区域的教育数字化治理优势、不足和发展前景，为科学把握教育数字化治理的发展战略和选择合理的发展路径提供可靠支持。

一、科学性原则

　　超大城市教育数字化治理监测指标体系设计的科学性原则，是指在构建指标体系中依靠科学的理论和方法，以确保监测指标的有效性、准确性和可靠性。超大城市教育数字化治理监测指标体系构建，应基于教育学、管理学、信息科学等相关学科的理论基础。教育学是研究教育现象、揭示教育规律的学科，能够为分析解释超大城市教育数字化推进中的种种现象提供理论指导和依据。与此同时，由于教育数字化治理是公共管理与城市治理的重要组成部分，涉及政府、学校与社会等多主体共同参与及协同机制的建设，因而管理学理论是教育数字化治理监测指标体系构建的重要理论基础。另外，伴随人工智能赋能教育评价时代的来临，教育数字化治理监测越来越注重现代信息技术的支撑，因此关注信息生成、处理、存储、传输和利用的信息科学日益显得重要，能够为科学监测提供技术架构、数据处理和信息安全的理论依据。在超大城市教育数字化治理监测指标体系设计中，多学科理论的有机结合，能够确保指标体系框架的综合性和科学性，使其能够有效反映教育数字化治理的总体全貌。

科学性原则强调以数据为基础的方法。数据贯穿于教育数字化治理监测指标体系的制定和应用全过程。科学的监测指标设计，离不开数据收集、分析和验证，确保指标能够真实反映教育数字化治理的效果。为此，广泛收集多种类型的定量数据和定性数据，并通过科学的分析方法，从原始数据中提取有价值的信息，能够为教育数字化治理监测指标体系构建提供实证依据。同时，通过数据验证方法，确保数据和指标的准确性和可靠性。总之，依托数据、数据驱动的方法可以消除指标设计中的主观偏见，提高客观性和可靠性。

科学性原则强调采用严谨的研究方法。方法论上的严谨性，有助于确保指标体系的科学性，使其能够经受住实践的检验。构建指标体系的首要环节是设计研究，明确研究的目的、范围和方法。设计研究包括定义研究问题、提出假设、选择研究对象和数据收集方法等。文献综述有助于了解相关领域已有的研究成果和理论基础，为构建指标体系提供理论支持和实践参考。抽样方法、描述性统计、回归分析和因子分析等统计技术，可以确保指标的信度和效度，从而提高可信度。

科学性原则强调指标体系的实证验证。实证验证是指通过具体的数据和实践检验指标体系，确保其能够真实、准确地反映教育数字化治理的实际情况。实证验证有助于发现并纠正指标体系中的不足之处，确保其在不同情境中的适用性和可靠性。实证验证的第一步是进行小范围试点测试，选取具有代表性的学校或地区进行试点测试，应用指标体系，收集相关数据和反馈；数据收集和分析是实证验证的第二步，通过全面收集试点测试中的各类数据，利用描述性统计、推断性统计和数据挖掘技术，对收集的数据进行深入分析，评估不同指标的有效性；反馈和调整是实证验证的第三步，有助于发现指标体系中的问题和不足，并为改进提供方向，根据反馈和数据分析结果，对指标体系进行调整和优化，适应实际应用中的需求和变化；重复验证是实证验证的第四步，是确保指标体系普遍适用性和稳定性的关键步骤。通过在不同时间、不同地点和不同群体中进行多次实证验证，长期跟踪观察，评估指标体系在应用中的效果和影响，确保指标体系在各种情境下都能保持一致性和可靠性。

二、全面性原则

为实现超大城市教育数字化治理的监测功能，核心是提供一个全面的监测框架，在监测指标设计中充分认识和反映教育数字化治理的复杂性、多样性，充分体现影响教育数字化治理的内外部因素，既突出重点，又兼顾教育的不同层级。

全面性原则旨在确保指标体系设计涵盖教育数字化治理的各项关键领域。政府和学校及教师均是教育数字化治理的关键主体。在超大城市教育数字化治理中，政府的关键行为在于教育管理中的大数据应用，学校的关键行为在于办学过程中各类型数据的整合应用。随着我国在政策层面和实践层面加快推进教育数字化，教师在教育数字化治理中的重要性日益凸显，无论是数字化工具在教育教学中的有效使用，还是学校教育数字化典型场景的开发应用，都需要教师队伍数字化能力的提升，因而教师配置成为教育数字化治理监测指标体系中不容忽视的一个关键领域。只有指标体系涵盖所有关键领域，才能确保教育数字化治理的全方位评估。

全面性原则不仅要求覆盖所有关键领域，而且要求指标体系设计具有系统性。系统性体现在于指标的层次结构和逻辑上的内在联系。超大城市教育数字化治理监测指标设计，既关注政府教育管理中大数据应用、智慧学校发展、学校师资配置等投入类指标内容，又关注相应的产出类指标内容，这是确保指标体系的整体性及其内在逻辑的要求，同时是教育数字化治理效能体现于人的思想体现。为此，反映产出的城乡学生信息素养、教育数字化治理满意度等内容，是教育数字化治理监测指标框架中的重要构成。

全面性原则还注重设计指标的多维度。超大城市教育数字化治理监测指标的设计，能够收集多种类型的数据，包含定量数据和定性数据，定量数据能够客观反映教育数字化治理水平，而定性数据则通过描述和分析丰富背景信息和参与主体的感受度。同时，指标设计的数据来源应是多源的，包括统计数据、国际比较数据、调查数据等。另外，由于超大城市人口与学龄人口规模大、学校类型多样，教育数字化治理涉及面广，因而指标设计的多层次不可避免，既需要在宏观层面上监测整个城市公共教育系统的数字化治理状况，又需要在中观层面上监测学校的数字化治理状况，还需要在微观层面上关注教师的数字化能力、学生的信息素养及家长的满意度。

针对各类群体，全面性原则综合考虑不同群体的需求，确保教育数字化治理的公平性和包容性。这要求指标设计中关注不同学科、不

同年级的教师需求，通过指标监测引导不同学科的教师设计有针对性
地提升数字化能力，确保所有教师都能适应数字化教学的要求；关注
不同年级、不同背景的学生需求以及有特殊教育需求的学生，通过指
标监测引导不同年龄段城乡学生全面提升信息化素养，确保所有学生
都能获得适合其发展阶段的数字化教育。另外，关注学校和教育机构
的管理人员需求，通过指标监测引导学校管理人员提升数字化素养，
提升学校信息化管理能力。

　　此外，全面性原则兼顾教育数字化治理的短期和长期目标。短期
成效指标设计，关注教育数字化治理的阶段性成果和进展，比如教师
参与线上课程的开发数量和资源利用率、教师参与数字化培训的比例
等。教育数字化治理的监测，超越短期目标，更加关注长期发展目标
和制度化状况，比如智慧学校发展、学生信息素养的达标、公众对教
育数字化治理满意度的提升态势等。这是超大城市教育数字化治理监
测指标体系设计具有可持续性和前瞻性的内在要求。

三、可操作性

　　超大城市教育数字化治理作为教育发展监测的新生事物，其指标
设计的生命力在于应用。因此，可操作性是构建超大城市教育数字化
治理指标体系的重要原则。一个具有可操作性的指标体系不仅要具备
科学性和全面性，还要确保指标的明确性和可量化性、数据收集的可
行性，以及指标体系的易于实施和监控。

　　可操作性首先体现在指标的明确性与可量化性。指标的明确性和
可量化性是确保指标体系可操作性的基础，能够帮助教育管理者和决

策者清晰地理解和应用指标。指标的明确性，即每个指标应有明确的定义，避免歧义，内涵边界清楚，确保所有相关人员对指标的理解一致。可量化性，即指标应具有可量化的标准，有具体的量化方法或计算公式，便于数据收集和分析。

可操作性的关键在于数据收集的可行性。为保证数据的及时、准确和完整，指标体系的数据收集流程应尽量简便，减少操作复杂性。利用现有的教育管理系统和在线平台，自动收集相关数据，减少人工干预和数据收集的工作量，是教育数字化治理监测的趋势。同时，指标体系的数据应有可靠的数据来源，如来自国家教育统计信息、权威的第三方评估机构等，确保数据的准确性和完整性。另外，数据应及时更新，建立定期的数据更新机制，确保指标体系反映最新的教育数字化治理进展。

可操作性的落脚点在于指标体系的易于实施和监控。这是确保指标体系可操作性的保障，能够提高指标体系的实际应用效果。一是指标体系应明确数据收集、数据分析、指标评估等各个环节的具体操作步骤，指导教育管理者和执行人员操作，确保实施过程的有序进行。二是建立系统的监控机制，发现问题及时解决，保证指标体系的持续改进和优化，确保指标体系的有效运行。三是建立有效的反馈机制，收集使用者的意见和建议，优化指标体系。通过定期召开指标评估会议，收集学校管理者、教师和学生的反馈意见，改进和完善指标体系，提升其实际应用效果。当然，可操作性的实现还需要政策支持与技术保障，在政府和教育部门的支持下推动指标体系的实施，以及建立专门的技术支持机制，提供数据收集、数据分析、系统维护和升级服务，确保指标体系的高效运行和持续优化。

第二节　教育数字化治理监测指标的内容构成

面对新时代我国教育高质量发展的新需求，教育数字化治理指标的选择与确立，既要透过纷繁复杂的现象努力体现先进的教育理念，遵循教育数字化治理的规律和超大城市的特点，又要全面把握超大城市教育现代化发展的整体性，实现教育数字化治理指标研究与确立的系统化。

在治理主体上，为体现政府在教育数字化治理中的重要引领角色，把政府教育管理中大数据应用水平的监测作为首要内容，不仅关注政府统整建设教育大数据平台，而且关注教育决策与管理中应用大数据。同时，为体现学校在教育数字化治理中的重要实践角色，设计智慧学校发展水平、学校设置数据师（首席信息官）两项监测内容。前者侧重监测学校在智慧校园建设方面的成熟度和成效，尤其是关注实现数据整合、信息化平台统一的学校比例，实现校园物联网感知、智能教学应用常态化的学校比例，实现数据驱动个性化学习指导的学校比例等。后者则侧重监测学校在教师队伍建设中数据师（首席信息官）的配置情况。

在内容逻辑上，政府教育管理中大数据应用水平和智慧学校发展水平、学校设置数据师（首席信息官）三项监测内容，共同反映教育数字化治理的"投入"或者说"运行"水平。与此相对应，教育数字化治理的"产出"则反映在学生信息素养达标率和教育数字化治理满意度两项监测内容上。学生信息素养达标率属于客观指标，侧重监测学生信息素养的获得及提升情况；而教育数字化治理满意度则属于主观指标，侧重监测包括学生、教师及家长等群体对教育数字化治理的获得感及提升情况。客观指标和主观指标互为补充，两者共同反映教育数字化治理带来的变化。

一、政府教育管理中大数据应用水平

　　政府教育管理中大数据应用水平，是教育数字化治理指标体系中的首位指标，其重要性在于政府的引领角色与统筹职责，政府率先应用大数据能够发挥导向作用和联动作用。在建设教育强国、全面深化教育综合改革的背景下，导向作用和联动作用的发挥更加显得重要和迫切。政府教育管理中大数据应用水平是指政府在教育管理和决策过程中使用大数据技术的程度及其成熟度。这一水平的高低直接影响着超大城市教育系统的效率、公平性和创新能力。

（一）指标概述

　　指标定义：政府教育管理中大数据应用水平，是指政府为提高教育决策与管理的科学化、民主化，建设与应用教育大数据平台的水平，包括区域教育大数据平台建设及联通水平、政府教育决策与管理中运用大数据的水平等监测点。

　　指标功能：该指标可监测区域教育大数据平台建设与应用情况，反映各类型多源教育数据信息的整合、联通与挖掘分析水平，是超大城市教育数字化治理的核心指标。

　　适用范围：超大城市及其下辖行政区。

　　数据来源：各地教育填报数据、问卷调查数据。

（二）指标现状及国内国际比较

　　教育大数据平台建设与应用水平，指向于教育系统中云计算技术的应用与发展水平，具体表现为集成教学、管理、资源和服务的云端平台的构建和成熟度。涵盖线上课程的提供、学习管理系统（LMS）的使用、教育大数据的分析、教育资源的云存储与共享、虚拟实验室的建立，以及远程教育和终身学习支持等方面。

大数据平台建设规模：云平台建设规模是指构建和部署云计算基础设施的范围和容量，以满足预期的用户需求、业务负载和服务水平协议（SLA）。在云平台建设中，规模通常与计算能力、存储容量、网络带宽、虚拟化资源、用户数量、并发请求处理能力、地理分布、灾备与恢复、安全性和合规性相关。云平台的建设规模需要考虑未来的增长预期，以保证平台能够随着需求变化而扩展，同时也要平衡成本效益。云平台的规模设计还必须考虑到弹性伸缩能力，即能够根据实际负载动态调整资源，以避免资源浪费或性能瓶颈。超大城市普遍建设大规模的教育云平台，汇集了丰富的教育资源和教学工具。北京建设了"智慧教育云平台"，汇集了大量在线课程、电子教材和教学视频，供全市师生免费使用。

大数据平台资源共享与管理：资源共享与管理情况指的是在某一特定时期内，教育资源的共享程度、管理策略、实施效果及遇到的挑战等方面的综合状况。该指标可能涉及教育部门的政策导向、技术平台的支持能力、教师和学生对资源的利用习惯、资源的质量和适用性，以及共享机制的成熟度等因素。上海建设了"上海教育云平台"，提供丰富的教育资源和教学工具，支持在线教学和资源共享，教师和学生可以方便地访问和利用云平台资源，有助于促进全市优质教育数字资源的集中管理和共享。

大数据平台用户活跃度：平台用户活跃度是一个关键性能指标（KPI），用于衡量一定时间内用户与特定平台（如网站、应用、社交媒体）的互动程度和频率。活跃度反映了用户对平台的参与度、忠诚度和平台内容或服务的吸引力。平台用户活跃度可以通过多种维度来衡量，常见的指标包括：日活跃用户、月活跃用户、周活跃用户、用户留存率、用户在线时长、用户行为数据、转化率、活跃时段、用户流失率。高用户活跃度通常与平台的成功紧密相关，因为它表明用户对平台的内容、服务或体验感到满意并愿意频繁使用。教育云平台的用户活跃度反映了平台的实际使用情况和效果。教育部门可以通过统计平台的用户访问量、资源下载量和在线课程参与情况，评估平台的使用效果和用户满意度。

（三）选择依据

政府是区域教育数字化治理的首要责任主体，政府提高决策科学性和服务效率有赖于大数据的应用。《中华人民共和国国民经济和社会发展第十四个五年规划和 2035 年远景目标纲要》要求，将数字技术广泛应用于政府管理服务，推动政府治理流程再造和模式优化，不断提高决策科学性和服务效率。

教育作为政府决策重要领域，大数据平台建设和应用的目标已明确提出。《教育部关于加强新时代教育管理信息化工作的通知》提出工作目标：到 2025 年，新时代教育管理信息化制度体系基本形成，信息系统实现优化整合，一体化水平大幅提升；数据实现"一数一源"，数据孤岛得以打通，数据效能充分发挥；在线服务灵活便捷，"一网通办"深入普及，服务体验明显提升；现代化的教育管理与监测体系基本形成，多元参与的应用生态基本建立；教育决策科学化、管理精准化、服务个性化水平全面提升，支撑构建高质量教育体系。同时，围绕提升教育数据管理效能，要求充分发挥数据的作用，推动教育科学决策、精准管理和个性服务。通过跨地域、跨层级、跨部门的数据共享，支撑招生计划、就近入学、学生资助、安全防控等教育决策，提高决策科学性。通过促进教学数据和管理数据的汇聚和共享，建立教育大数据分析模型，全面、精准地掌握学校和师生情况，为教育评价、"双一流"建设等改革任务提供数据支撑。探索基于大数据的用户行为分析，为广大师生提供个性化的教育服务，促进学生的个性化成长。

超大城市在教育管理中建设和应用大数据平台应走在全国的前列。国家发展改革委、国家数据局、财政部、自然资源部《关于深化智慧城市发展　推进城市全域数字化转型的指导意见》指出，"城市是推进数字中国建设的综合载体，推进城市数字化转型、智慧化发展，是面向未来构筑城市竞争新优势的关键之举，也是推动城市治理体系和治理能力现代化的必然要求"，要求"推动数字技术和教育、医疗、住房、就业、养老等公共服务融合，促进优质公共资源跨时空共享，提升服务资源覆盖面和均衡普惠度"。

二、智慧学校发展水平

学校是教育改革和发展的基本单位和细胞，智慧学校发展水平直接关系超大城市教育数字化治理效能。智慧学校的发展水平是指各级各类学校利用信息技术手段，在教学、管理、服务等方面达到的智能化程度。近年来，随着信息技术的快速发展，智慧学校的建设已成为推动学校教育现代化的重要途径之一。整体提升超大城市的智慧学校发展水平，无论对于规范有序办学，还是对于激发办学活力，都具有重要的支撑作用。

（一）指标概述

指标定义：智慧学校发展水平，是衡量学校在智慧校园建设方面的成熟度和成效的一个综合指标。智慧学校是基于物联网、云计算、大数据等现代信息技术，实现校园内工作、学习和生活的智能化管理与服务的新型校园形态。智慧学校发展水平的监测点主要包括：实现数据整合、信息化平台统一的学校比例，实现校园物联网感知、智能教学应用常态化的学校比例，实现数据驱动个性化学习指导的学校比例等。

指标功能：监测中小学智慧学校建设进展及成效；引导超大城市不断提升智慧学校建设水平。

计算公式：智慧学校发展水平＝实现数据整合、平台统一的数字校园规范化建设的学校比例＝数字校园规范化建设校/各级各类学校总数 ×100%；实现校园物联网感知、智能教学常态化应用的学校比例＝校园物联网感知、智能教学常态化应用的学校/各级各类学校总数 ×100%；实现数据驱动个性化学习指导的学校比例＝实现数据驱动个性化学习指导的学校/各级各类学校总数 ×100%。

适用范围：幼儿园、普通中小学、中职、普通高校。

（二）指标现状及国内国外比较

目前，我国超大城市如上海、北京、广州、深圳等地在智慧学校的发展水平方面均取得了显著的进步。超大城市普遍采用了新一代信息技术、人工智能技术与教育深度融合的方式，以提高教育质量和服务水平。注重个性化教育，通过大数据分析等手段来实现精准教学。建设云平台等资源，以便于资源的共享和优化使用。重视网络安全和个人信息安全，确保智慧校园的安全运行。

上海市针对学校的数字化转型，着力通过建设"智慧校园""数字大脑""数字驾驶舱"等，整合校内所有数据资源并加强治理，以数字化赋能内部管理与精准治理。三年来，上海持续建设了30所数字化转型赋能示范校和200余所信息化应用标杆培育校。各类学校深度开展元宇宙、数字孪生、AI等先进技术应用，打造虚拟仿真教学空间和数字化学习空间，积极赋能教师教研能力提升和学生个性化、多元化学习与健康快乐成长。[1]

北京市启动了智慧校园示范校的遴选工作，计划遴选出100所智慧校园示范校，以推广新技术在教育中的应用。鼓励采用新技术来赋能教育，如数据驱动、自适应学习等，提高教学效率和个性化教学水平。2023年公布了首批智慧校园示范校名单，共计41所学校入选，这些学校在智慧校园建设方面具有代表性。

深圳市推进了梅沙未来学校信息化项目和教师发展中心信息化项目，旨在通过智慧校园的建设来提高教育质量。推进建设智慧教学云平台、服务平台、资源服务平台等，以支持教学活动和资源共享。

除了超大城市之外，部分省市高度重视智慧学校建设与评估。安徽省在长三角教育现代化监测评估中设置了特色指标"中小学智慧学校建设覆盖率"，其背景是安徽省先后制定了《安徽省智慧学校建设总体规划（2018—2022年）》《安徽省普通中小学智慧学校建设标准》《安徽省智慧课堂等应用系统与省平台互联互通技术规范V2.0》等。江苏省苏州市还制定了智慧校园发展水平的星级评估指标体系，分为不同的等级（如三星级、四星级），用以评价学校在智慧校园建设方面的成就。

［1］《上海积极探索、持续推进教育数字化转型工作的做法》，教育部网，2024年1月26日。

　　高等学校的智慧校园建设同样迫切并取得进展。由于高等学校在校师生规模相对于中小学更为庞大，并且除了教学管理，还承担科学研究、社会服务等功能的数字化管理需求。高校的信息化系统每天都会产生大量数据。以上海大学为例，通过归类后的 45 个信息化平台，每天采集产生的数据量（含视频录像）大体相当于学校图书馆所有藏书的数据大小。也就是说，每天产生的数据相当于在学校新建一座图书馆。如何用好这些数据？以往由于缺乏系统治理，多个统计部门、多种统计口径、多个业务平台、多种数据接口等带来一系列问题。仅仅在学生人数统计上，人事部门和财务部门的数字就可能不一致。因此，可以"一网通办"为抓手，构建统一数据平台，打通数据孤岛。

（三）指标选择依据

　　《教育部关于加强新时代教育管理信息化工作的通知》提出："探索物联网在校园一卡通、智能图书馆、人员与设备管理等场景中的应用，为精准化管理提供支撑保障。"

　　《教育部等六部门关于推进教育新型基础设施建设　构建高质量教育支撑体系的指导意见》提出："普及教学应用。普及新技术条件下的混合式、合作式、体验式、探究式等教学，探索新型教学方式。推动'三个课堂'等应用，扩大优质资源覆盖面。开发基于大数据的智能诊断、资源推送和学习辅导等应用，促进学生个性化发展。开发基于人工智能的智能助教、智能学伴等教学应用，实现'人机共教、人机共育'，提高教育教学质量。"

　　教育部关于发布《高等学校数字校园建设规范（试行）》的通知，指导"全国各高等学校充分利用云计算、大数据、物联网、移动互联网、人工智能等技术，不断改善学校办学条件，营造网络化、数字化、智能化、个性化、终身化的教育教学环境，促进信息技术与高等学校人才培养、科学研究、文化传承与创新、社会服务、国际交流等方面的深度融合和创新应用，提高教育教学质量和科研服务水平，提升科学决策和教育治理能力，培养具有创新精神和实践能力的高素质人才"。

2024年3月28日，教育部举办数字教育集成化、智能化、国际化专项行动暨"扩优提质年"启动仪式，当日启动人工智能赋能教育行动，推出四项具体行动，旨在用人工智能推动教与学融合应用，提高全民数字教育素养与技能，开发教育专用人工智能大模型，同时规范人工智能使用科学伦理。

三、学校设置数据师（首席信息官）比例

智慧学校发展水平的提高，关键在于具有数字化胜任力的人。随着教育改革新要求的提出与信息技术的不断升级，提高教师数字化胜任力在教育数字化转型中愈加显得迫切。学校设置数据师（首席信息官），是智慧学校发展中极其必要的制度安排。学校数据师（首席信息官）作为领头雁，能够带领更多教师主动拥抱数字化转型。

（一）指标概述

指标定义：学校设置数据师（首席信息官）比例，是指某一级教育学校设置数据师（首席信息官）的学校数占学校总数的百分比。

指标功能：该指标可监测和评价全国及各地信息化建设情况，反映信息化管理人才配备水平，可作为教育条件保障类指标。

适用范围：小学、初中、高中、高等学校。

数据来源：教育事业统计数据、问卷调查。

计算公式：学校设置数据师（首席信息官）比例 = 设置数据师（首席信息官）的学校数 / 学校总数 × 100%。

（二）指标现状及国内国际比较

目前，传统的学校信息技术教师兼职管理学校信息化、现有教师的数字素养和数据洞察能力难以胜任学校数字化转型管理和应用，迫切需要建立专业的数字化支持团队，并建立激励专业团队开展已有数字资源的二次加工、开发与分享机制，从体制机制层面保障数字化转型落地。

根据长三角教育现代化监测评估调查数据，长三角中小幼、普通高校教师信息素养的总体水平较高，教师对于信息技术的运用主要围绕课堂教学需要展开，包括"主动运用信息技术优化课堂教学""通过多种途径获取数字教育资源"和"利用技术工具收集学生学习过程和结果信息"，而在独立解决信息技术应用过程中出现的常见问题等"硬"技术方面较为欠缺。就不同教龄看，针对长三角不同教龄的教师信息素养，40年及以上教龄的教师信息素养总得分和各题项得分均较低，因此，40年及以上教龄的教师需要提升各方面信息素养。

国内其他城市也积极探索教育数字化人才培养。青岛市为探索教育数字化转型下教师专业发展的路径，培养一批适应智慧教育的首席信息官、数字化领航校长（园长）、数字化精英教师，为青岛市教育高质量提供智力支撑和人才保障；印发了《教育数字化转型人才培养方案》，开展"151"教育数字化人才培养，即打造100名首席信息官、500名数字化领航校长、1000名数字化精英教师。通过"集中学习、网络培训、基地实训、结对研修、揭榜挂帅、观摩研修、实践改革、交流展示、典型推介"9种方式，全方位培养数字化教育管理人才。青岛崂山区实验学校"首席信息官"郭嘉俊告诉记者："学校利用智慧作业管理、畅言智慧课堂、虚拟班级等系统，形成集团内所有校区师生跨校区、年级、班级自由组合，进行线上授课、答疑和讨论的教与学新模式。"[1]

专栏5-1　青岛教育数字化转型人才遴选与培养

专项条件：

1.首席信息官。担任区域（学校）教育数字化规划研究工作2年以上，具有数字化相关专业学术背景或较强的学习能力，具有较强的学习精神与研究能力，具备区域、学校教育数字化统筹规划与研究能力，发表3篇以上数字化发展相关论文或参与过相关课题研究。

2.数字化领航校长（园长）。担任学校（幼儿园）主要领导2年以上，能够理解并重视数字技术给学校发展带来的巨大潜力，能够在本学校内开展教育数字化实践活动，参与过教育数字化专业论坛、培训，任职期内所分管学校取得过与教育数字化相关的荣誉称号或承担过教育数字化相关课题研究。

---

[1]　孙军：《青岛整合贯通5级数字化应用系统，赋能教育扩优提质》，教育部网，2023年10月16日。

3. 数字化精英教师。面向全学段、全学科教师，能够意识到教育数字化给课堂带来的变革，愿意主动运用数字化技术进行教育教学各个环节的重构，实现课堂教学的结构性创新。参与过教育数字化培训不低于 20 课时。

培养内容：

1. 实施首席信息官专项能力培育。注重教育数字化专业能力，区域（学校）数字化赋能"教、学、研、管、评"能力；注重区域（学校）教育数字化服务新形态形成；注重基于教学改革、数字技术的新型教与学模式形成。

2. 实施领航校长（园长）领导能力培育。注重学校数字资源、智慧校园、创新应用等新型基础设施体系建设与应用；注重学生数字化学习环境优化，智能化测评实现；注重教师智能化、个性化、多样化环境构建，数字化专业发展。

3. 实施精英教师应用能力培育。注重人机协同育人能力，数据驱动决策能力，学会运用大数据、人工智能等技术赋能教学、学习方式；注重基于数字技术的教育教学微能力提升，学会利用数字化工具赋能学情分析、教学设计、学法指导和学业评价等教学环节。

资料来源：青岛市教育局网，2023 年 7 月 17 日。

（三）指标选择依据

首席信息官（Chief Information Officer，CIO）是企业或组织中的高级管理人员之一，主要负责信息技术和信息系统战略规划与实施。CIO 的角色通常涉及以下几个方面：

- 技术战略：制定符合组织总体战略的信息技术策略。
- 技术管理：确保组织的技术基础设施能够支持其业务需求。
- 数据管理：管理和保护组织的数据资产。
- 创新推动：利用新技术推动业务流程改进和创新。
- 沟通协调：在内部各部门之间及与其他外部合作伙伴之间进行沟通和协调。

在教育领域，尤其是在各级各类学校中，设立 CIO 职位变得越来越重要。加快学校数字化转型，离不开建立专业的数字化支持团队，尤其是数据师（首席信息官）的引领。随着教育信息化的发展，学校需要一个专门的职位来领导数字化转型的过程，确保技术的应用能够提升教学质量和管理效率。CIO 可以帮助整合学校的资源，包括硬件、软件和网络资源，以更高效的方式支持教学活动；为教师和学生提供必要的技术支持和服务，帮助他们更好地使用数字工具进行教学和学习；紧跟技术发展趋势，持续引入新的教育技术，促进学校教育创新。另外，随着在线学习和数据存储的需求增加，确保网络安全和个人信息安全成为一项重要的任务。确保学校遵守相关的法律法规和技术标准，比如学生隐私保护法规等。

《教育部关于进一步推进职业教育信息化发展的指导意见》提出："在职业院校推广建立校领导担任首席信息官（CIO）的制度，全面负责本校信息化工作；建立信息化部门和业务部门的分工协作机制，统筹规划、归口管理。各地要将职业教育管理部门和职业院校的信息化建设效果、信息化发展水平纳入管理者绩效考核。"

教育部关于印发《教育信息化 2.0 行动计划》的通知提出："各级各类学校应普遍施行由校领导担任首席信息官（CIO）的制度，并明确责任部门，全面统筹本校信息化的规划与发展。"

《教育部关于发布〈教师数字素养〉教育行业标准的通知》要求"教师利用数字技术资源促进自身及共同体专业发展的能力，包括数字化学习与研修，以及数字化教学研究与创新"。

四、学生信息素养达标率

在超大城市教育数字化治理中，无论是政府教育管理中大数据应用水平的提高，还是智慧学校发展水平的提高，其落脚点在于服务和支持学习者全面而有个性的发展，提升学生信息素养达标率。学生信息素养是未来公民必备的基本技能，不仅包括使用信息技术工具，还包括理解信息的价值、判断信息的质量、创造和分享信息的能力等。加强学生信息素养监测，是教育数字化治理监测的关键内容。

（一）指标概述

指标定义：学生信息素养达标率，是指某一级教育学生信息素养达标学生人数占该级教育参加国家认定学生信息素养测评总人数的百分比。

指标功能：该指标可监测和评价全国及各地区学生信息素养水平，可作为教育质量类指标。

适用范围：小学、初中、普通高中、中等职业学校、职业高校、普通高校。

数据来源：国家认定的学生信息素养测评项目数据。

计算公式：学生信息素养达标率＝某一级教育学生信息素养达标学生数 / 该级教育参加国家认定学生信息素养测评人数 × 100%。

（二）指标现状及国内国际比较

学生信息素养是衡量教育数字化治理成效的重要维度，直接影响学生在信息化社会中的学习和竞争能力。上海、北京等超大城市在提升学生信息素养方面走在全国前列，主要体现在提高学生信息技术课程参与率、学生数字化学习工具使用频率和学生数字化技能评估成绩等方面。

在提高学生信息技术课程参与率方面，北京市中小学普遍开设了信息技术课程，确保所有学生都能学习计算机基础操作、办公软件应用等基本技能。上海市在学生信息技术课程参与率方面表现出色，所有中小学开设了信息技术课程，覆盖各个年级。上海市还注重课程的系统性和连续性，确保学生能够持续提升数字化技能。从国际上看，纽约市的中小学广泛开设信息技术课程，学生参与率较高。纽约市政府还与知名科技公司合作，提供前沿的科技课程，如编程、机器人和人工智能，激发学生的学习兴趣。伦敦的中小学普遍开设信息技术课程，学生参与率较高。伦敦市政府还支持学校与国际教育平台合作，提供多样化的信息技术课程，确保学生掌握最新的数字化技能。

在提高学生数字化学习工具使用频率方面，北京市的学生在课堂内外广泛使用数字化学习工具，如平板电脑、在线学习平台和教育软件。上海市的学生在数字化学习工具使用频率方面表现出色，学生在课堂上和课外广泛使用平板电脑、电子书和在线学习平台等工具。上海市还注重工具的普及和更新，确保学生能够使用最新的数字化学习工具。从国际上看，纽约市提供资金支持，确保所有学生都能使用到高质量的数字化学习工具。伦敦市还支持学校开发个性化的学习工具，提升学生的学习体验。

在提高学生数字化技能评估成绩方面，北京市通过定期的信息技术考试和项目实践评估，评估学生的数字化技能水平。大部分学生在评估中表现良好，能够熟练掌握计算机操作和基本的编程技能。上海市对学生的数字化技能进行系统评估，通过标准化测试、项目实践和综合素质评估等方式，全面了解学生的数字化技能水平。

（三）选择理由

在现代社会中，信息技术的应用越来越广泛，无论是学习、工作还是日常生活，都需要较高的信息处理能力。社会正在向数字化转型，这意味着未来的工作岗位将更加依赖于数字技能。为了适应这种变化，培养学生的信息化技能成为教育的一个重要目标。监测超大城市学生的信息素养达标率，是确保教育系统能够及时响应变化趋势的必然要求。

在国家和地区教育质量监测评价中，将学生的信息素养达标率纳入其中，可以帮助学校了解在培养学生信息素养上的表现。对于超大城市而言，由于往往拥有更多的教育资源和技术支持，因此可以通过监测学生信息素养的达标情况来缩小城乡学生信息素养的差距，并带动更多地区重视学生信息素养教育。从国际上看，随着全球化的发展，国家之间的竞争也在加剧，而信息素养是衡量一个国家未来人才竞争力的重要指标之一。提高学生的整体信息素养可以增强国家在未来经济和社会发展中的竞争力。

教育部关于印发《教育信息化 2.0 行动计划》的通知提出信息素养全面提升行动，要求"充分认识提升信息素养对于落实立德树人目标、培养创新人才的重要作用，制定学生信息素养评价指标体系，开展规模化测评，实施有针对性的培养和培训"。"开展覆盖东中西部地区的中小学生信息素养测评，涵盖 5 万名以上学生。通过科学、系统的持续性测评，掌握我国不同学段的学生信息素养发展情况，为促进信息素养提升奠定基础。"

通过学生信息素养达标率监测，提高学生信息技术课程参与率，指向于学生参与信息技术相关课程或活动的比例，反映学校教育中信息技术教育的普及程度和学生对数字技能学习的参与度。高参与率意味着更多学生有机会获得计算机科学、编程、数据分析、网络安全等领域的知识和技能，这是培养学生在数字时代竞争力、创新能力和解决问题能力的基础。

通过学生信息素养达标率监测，提高学生数字化学习工具使用频率，指向于学生在日常学习中利用电子设备、应用程序、在线平台等数字化工具进行学习的频次和强度，反映学生对现代技术在教育中应用的适应性和依赖度，以及学校和教育系统为学生提供数字化学习资源和支持的情况。高频率的使用表明学生能够在正式和非正式学习环境中有效利用数字化工具。

通过学生信息素养达标率监测，提高学生数字化技能评估成绩，指向于学生在使用信息技术工具、理解数字内容、创建数字产品以及增强数据安全方面的能力水平。高成绩表明学生能够熟练地应用数字化技能解决实际问题。

五、教育数字化治理满意度

教育数字化治理监测同其他教育领域监测一样，满意度是必不可缺的内容，属于主观指标类别。开展教育数字化治理满意度监测，既是办好人民满意教育的内在要求，又有助于挖掘分析影响教育数字化治理满意度的因素，引导政府和各级各类学校增强数据信息公开与透明度、最大程度消除学校家庭社会之间的信息不对称，对照人民群众的需求，采取针对性改进措施提高公众对教育数字化治理满意度。

（一）指标概述

指标定义：教育数字化治理满意度通过收集城乡居民、教师、学生等群体对教育数字化治理的主观态度与评价，以反映社会公众对教育数字化治理的满意程度。

指标功能：监测社会公众对教育的满意度；引导各地全面动态掌握教育数字化治理的满意度状况，提升社会公众对教育数字化治理的满意度，努力办好人民满意的教育。

适用范围：大中小学校。

数据来源：问卷抽样调查。

计算公式：社会公众对教育数字化治理的满意度=（各类群体满意度 × 权重）之和。

（二）指标现状及国内国际比较

从国内国外的满意度监测来看，教育数字化治理满意度监测通常是通过发放问卷给学生、教师、家长和社会公众，收集他们对教育数字化治理的看法和建议。同时，收集满意度信息的渠道正在走向更加多元，包括利用在线平台收集反馈意见，这便于统计分析；深入学校进行实地访问，观察教育数字化设施的使用情况，与师生进行面对面交流，能够收集真实的信息；邀请资深教育专家和研究人员对教育数字化治理的效果进行打分，有助于促进教育数字化政策的改进。国际性的教育评估项目如 PISA、TALIS 等也会涉及教育数字化的内容。

根据长三角教育现代化监测评估，学生和教师群体对教育数字化的满意度存在年级差异、学校特征差异。对不同学段基础教育教师的

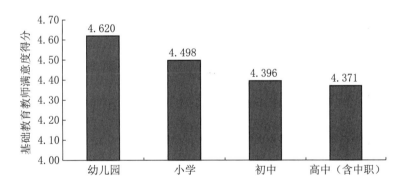

图 5-1　基础教育不同学段教师对学校信息化程度的满意度得分

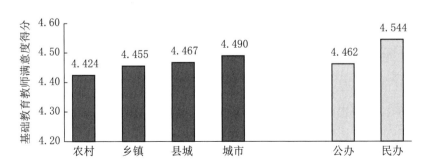

图 5-2　基础教育不同学校教师对学校信息化程度的满意度得分

满意度进行具体分析，发现教师对学校信息化程度的满意度随着学段升高而降低，幼儿园教师的满意度最高，高中教师的满意度最低。对不同学校地理位置的教师满意度进行分析，发现城市学校的基础教育教师对信息化程度满意度要高于其余教师，县城学校基础教育教师次之，农村学校基础教育教师满意度最低。群体满意度差异的主要原因是城乡教育设施差距仍然突出。[1]

（三）选择指标理由

家长满意度是教育舆情的反映，其测评目的在于知晓教育数字化治理在多大程度上、在哪些方面满足或没有满足人民的需求，为有针对性地推进教育数字化治理提供证据。有关满意度测评的价值。有不少来自理论角度、实证视角的研究。其中，理论角度的研究集中体现在价值层面的探讨，认为满意度测评是教育公共服务绩效的重要衡量维度，被视为评估研究的一种新取向。教育绩效评价是政府与公众互动的过程，公众参与教育数字化成效评估有助于建立教育治理机制，促进对政府的问责和教育管理的科学民主。

在超大城市教育数字化治理中，监测学生、教师、家长及社会公众的满意度至关重要。在超大城市教育数字化治理中把满意度作为监测指标，能够帮助城市教育决策者了解数字化教育推进的效果、存在的问题及公众的接受度。同时，教育数字化治理满意度监测有助于不断改进教育政策和服务，确保教育数字化能够更好地服务于教育现代化的目标。监测结果可以为政策制定者提供反馈，帮助他们了解哪些

---

[1] 长三角教育现代化监测研究中心编著：《长三角教育现代化监测评估专题研究》（第1辑），华东师范大学出版社2023年版，第19页。

措施有效、哪些需要改进；通过收集各方面的意见，可以针对性地改善教育服务，提高教育质量；另外，公开透明的监测结果能够增加公众的信任感，使他们相信政府在努力提高教育质量；鼓励学生、教师、家长和社会公众参与教育数字化评价过程，能够提高他们的参与感和满意度。

《教育部关于加强新时代教育管理信息化工作的通知》提出："构建以用户为中心，师生、家长共同参与的用户评价和反馈机制，不断完善教育管理信息化工作。建立教育管理信息化发展水平动态监测和第三方评估机制，定期发布评估报告，积极探索质量监测与效果评估的常态化、实时化、数据化。"

第三节　教育数字化治理监测的方法技术

超大城市教育数字化治理监测指标体系构建，要求监测方法和技术手段结合超大城市特点进行相应的探索，着眼解决发展中的突出问题，开发和采用符合实际要求的先进监测评估方法，实现方法和技术上的集成创新，通过对照发展目标的监测评估，形成支撑政府推进教育数字化的依据，为我国推进超大城市教育数字化治理现代化水平提升作出贡献。

一、教育数字化治理的监测方法

超大城市教育发展影响因素多、关联领域广，并且教育数字化治理主体多元，因而超大城市教育数字化治理监测方法需要针对目标实施情况，基于多信息来源和多类型数据支撑，以有效服务于推进教育数字化的决策与施策。

教育数字化治理监测的数据来源，首先是国家教育统计数据。国家教育统计数据主要是由国家行政部门等权威机构提供的关于教育事业发展、教育信息化、教育督导及人力资源开发和经济社会发展等统计数据信息。除了国家教育部提供的统计数据，第七次全国人口普查及超大城市的人口、学龄人口、劳动年龄人口受教育水平等统计数据信息，是超大城市教育数字化治理监测的重要数据信息来源。

尽管国家教育统计数据在超大城市教育数字化治理监测中发挥基础数据的重要功能，但不能局限于教育统计数据，还需要地方政府填报数据和第三方教育相关权威数据、抽样调查数据信息等。不同来源的数据信息，应用于不同类型指标的监测。

为了充分反映超大城市教育改革发展的特色与优势，激发超大城市各地区参与监测评估、积极利用监测评估结果推进精准施策的主动性，利用信息技术和系统服务的便利性，支持各地政府及教育行政部门通过监测服务平台填报各地统计掌握的部分指标数据信息，例如政府教育管理中大数据应用水平及各地教育事业发展"十四五"规划中的相关数据信息。

第三方的教育相关数据信息，是指来自国内、国际权威机构研究发布的数据信息。国内第三方数据信息，主要是教育数字化治理监测指标体系中的智慧学校发展水平，其主要来源为长三角教育现代化监测评估中心等。另外，国际第三方数据信息包括世界银行（WB）、联合国教科文组织（UNECSO）、经济合作与发展组织（OECD）等国际组织关于不同国家和地区的教育和人力资源开发的统计数据信息，是超大城市教育数字化治理监测中可比较或参考的信息来源。

教育数字化治理监测指标体系中反映治理"效能"的客观指标和主观指标，是两类性质完全不同的指标，相应的监测方法也不相同。客观指标"学生信息素养达标率"数据采集，主要来源于国家教育统计数据，基于学生群体的测评，既涉及学生素质测评方法，又涉及抽样方法，确保收集信息的信度和效度。而"学生信息素养达标率"数据分析，主要采用跟踪比较方法，对多个年度连续采集的数据进行多维度分析，进而掌握不同学段、不同年级、不同类型学校、不同地区的达标率及其动态变化情况。

与客观指标"学生信息素养达标率"不同，主观指标"教育数字化治理满意度"的数据采集与分析主要采用基于调查的方法。在教育数字化治理监测中，为获得不同群体的动态数据信息，需要科学设计能够达到较高信度和效度的抽样调查问卷，制定面向学生、家长、教师以及相关部门和机构人员等不同调查对象的科学抽样调查方案，采用先进、可靠的信息化调查手段，获得动态、及时的教育发展目标监测指标数据信息，通过多维度的综合分析，描绘教育规划实施情况和教育现代化发展水平，为教育科学决策、精准施策以及有效解决事关人民群众切身利益的热点、难点和重点问题提供依据与支撑。

为保证抽样调查工作及时、准确、高效进行，开发形成教育数字化治理监测问卷调查数据平台是必要的环节。教育数字化治理满意度监测，调查对象包括在校学生、教师、学生家长和社会公众等四类人群。教育数字化治理满意度的抽样调查，首先是坚持问题导向，研究编制调查问卷、访谈提纲等调查工具，并科学抽取学生、家长、教师乃至社会公众等样本信息，这是数据采集分析的前提和基础。然后是全面、定期获取数据，建立教育数字化治理满意度数据库。数据库的质量，是开展数据分析的保证。数据库质量，取决于问卷调查数据的可比较性，以及访谈对象的代表性和访谈深度。

访谈对象的代表性，是指在进行访谈或调研时选择的访谈对象能够准确反映整个群体的特点和观点，选择多样化的访谈对象，包括不同年龄段的学生、不同学科背景的教师、来自不同社会经济阶层的家长及教育管理者等。在样本量上，选择足够数量的访谈对象，使得结果具有统计学上的意义。同时，通过与不同背景的人进行交叉验证，确认访谈结果的一致性和可靠性。

而围绕教育数字化治理的满意度开展深度访谈，深度访谈（也称为深入访谈或半结构化访谈）是一种定性研究方法，通过一对一的方式收集关于受访者的感受、看法和经验的详细信息。深度访谈的特点是：访谈者使用开放式问题来鼓励受访者提供详细的信息和个人见解；访谈过程相对灵活，可以根据受访者的回答进行相应的调整和深入探讨；访谈者可以根据受访者的回答提出后续问题，以更深入地了解某个话题；创建非正式氛围，在较为轻松的环境中进行，以促进受访者更自由地表达自己的想法。

二、教育数字化治理的监测技术创新

随着大数据、人工智能、物联网等信息技术的发展，教育指标监测可以利用新技术与智能化的工具，实现教育信息的数据化、科学化、动态化。当然，数据化不是简单的"数字化"，它是一种把现象转变为新型可分析数据的量化过程，包括数据的采集和数据的处理，它是对教育领域中某些事件或事物进行描述、记录、分析和重组，然后借助计算机、通信和高密度存储技术等，以数据的形式更高效、更准确地转变为教育评估的资源可视化。信息一旦被数据化，便具有通用性、开放性、标准化和高度整合性等特点，人们就可以通过技术手段，充分解读、揭示隐藏在数据中的价值和秘密。[1]

围绕教育数字化治理监测的动态化，无论是实现多方面教育及相关数据信息的及时获得，还是实现监测诊断结果的快捷便利化呈现，都需要加快研究设计教育数字化治理监测指标体系及监测方法的可视化展示系统，借助专业技术的支撑，充分运用国家经济社会和教育统计数据信息、权威可靠的第三方数据信息、大样本抽样调查数据信息、各地教育相关数据信息，以及系统获得的国际机构教育相关数据信息，综合采用定量、定性、案例对照、实地检验、专家认证等多种监测方法，积极采用便利的信息化技术及运算手段，直观、便捷地展示超大城市教育数字化治理目标监测，以及学校、师生群体监测的动态趋势变化特点，为教育决策者、教育行政部门、教育科研机构及社会公众提供不同内容、不同方式的教育监测信息服务。为此，在技术上创新数据采集和数据融合手段显得至关重要。

一是建立数据标准，创新数据采集手段。梳理完善基础数据并建立健全各类数据标准，提升数据效能，避免产生信息"烟囱"，为后续数据分析提供基础规范支撑。定量数据需要政府、部门和学校三个

---

[1] 沈忠华：《新技术视域下的教育大数据与教育评估新探——兼论区块链技术对在线教育评估的影响》，《远程教育杂志》2017年第3期。

层级的共同努力。抽样调查的实施需遵循标准化的数据采集流程，尽可能地科学、规范，并在问卷调查的实施过程中建立标准化访问流程和监督审查机制，保障数据获取的有效性。此外，还要建立并创新基础数据常采集机制。一方面，做到常态化采集，实现"业务数据化，数据业务化"，避免"运动式"数据采集带来的人为因素干扰；另一方面，要大胆创新，选择一批学校设置监测站点，加强案例研究，比如学校实现各类型数据统整的过程与策略等。

二是加强监测评估信息平台建设。建立广泛覆盖地区的监测评估信息平台是连接监测评估活动主体和客体之间的重要媒介，是推进教育管理精准化和教育决策科学化、提升教育治理水平和治理能力现代化的内在要求。以提高监测评估的科学性、公正性和准确性为目标，以基础数据库建设为切入点，以各类智能设备及网络为依托，积极使用移动互联网、大数据、云计算、人工智能等新一代信息技术，研发和建立系统化、动态化、可比较、可跟踪的各地区教育数字化治理监测数据服务系统，构建监测评估分析系统，努力实现相关数据信息采集、数据分析、结果展示、查询服务的智能化和智慧化，实现监测评估一体化。通过完善教育数据采集、上报、发布、共享机制，推动教育数据的全面整合、充分共享，实现数据采集自动化、数据处理与分析智能化、评估结果可视化，建立健全国家和地方基于智能治理、标准统一、系统对接、资源共享、服务高效的教育数据信息平台。

三是要注重其交互性功能的开发。加强平台的移动端建设，是提升超大城市教育数字化治理监测评估的影响力和应用价值的有效路径。从实际运用角度看，教育数字化治理目标监测信息平台及监测结果，可以直接影响到区域和各地教育发展目标实现程度的诊断和评价结果，对于各级政府和教育行政部门、学校等均具有强烈的引导、督促和鞭策作用，甚至可运用于公共问责和行政问责，其监测结果也容易引起各地和社会各界的普遍关注，利于形成政府、学校、家庭和社会协同推动教育发展的合力。因此，要把教育数字化治理目标监测信息平台建设作为提升教育治理现代化的重要举措，不断总结经验教训，为推进超大城市在中国式现代化中作出新的贡献，在引领我国参与全球教育治理中发挥标杆带头作用，彰显中国理念，贡献中国方案。

第六章
展望与建议

2024 年 7 月 4 日，2024 世界人工智能大会暨人工智能全球治理高级别会议发表《人工智能全球治理上海宣言》(以下简称《宣言》)。《宣言》提出："我们愿积极推进研发，释放人工智能在医疗、教育、交通、农业、工业、文化、生态等各领域的应用潜力。鼓励创新思维，支持跨学科研究合作，共同推动人工智能技术突破与向善发展。"

面对人工智能时代发展新机遇，上海提升教育数字化治理现代化水平，具有强大信息技术基础设施的优势，具有利用科技创新高地以及拥有众多高校、创新型企业、研发机构的有利条件。上海在全国教育数字化转型中先行先试，为超大城市教育数字化治理提供引领和示范，关键是加快推进教育管理数字化，不断以机制创新激发各级各类学校数字化转型活力，及时总结固化好的做法和经验，同时积极利用上海在教育领域与国际组织、友好城市交流合作较为频繁及教育数字化国际合作与交流渠道畅通等优势，努力传播中国教育数字化治理故事。

第一节　率先推进教育管理数字化行动

　　教育数字化转型从政府管理层面开始，是构建更加高效、包容和创新教育环境的关键。推进教育管理数字化率先转型不仅提升教育决策与管理的效率和透明度，还将为以促进学习者全面发展为中心的教育现代化进程奠定良好基础，为实现教育资源优化配置、增强教育公平性和创新教育体制机制提供有力支持。

　　落实党的二十届三中全会决定精神，深化教育综合改革对推进教育管理数字化提供了新空间，同时提出了新挑战。无论是加快建设高质量教育体系，统筹推进育人方式、办学模式、管理体制、保障机制改革，还是优化高等教育布局、优化区域教育资源配置，都需要基于大数据的支撑，实现基于数据的统筹、基于数据的优化，这为促进教育管理数字化提供了机遇与空间。但基于数据的统筹、基于数据的优化，要求加强多类型多源数据整合、打破数据壁垒、促进数据联通，并深入挖掘数据、精准分析数据，进而才能更好地理解和预测教育需求和趋势，为制定长远的教育战略提供有用的数据支持；更及时地识别和解决教育管理中的问题，营造学校、家庭和社会共同支持教育综合改革的良好氛围；更有效地监测和评估教育政策的实施效果，确保政策的科学性和适应性。

　　在教育强国建设的新时代新征程上，上海作为国家教育综合改革试验区和教育现代化先行者，基于超大城市特点、区域教育数字化转型探索经验与信息化应用培育校创建基础，率先推进教育管理数字化具有重要时代意义和示范引领价值。其行动的核心是整合建设各类服务教育决策与管理的数据库与平台，发挥数据集成与全面应用优势，打造"决策研究＋信息技术＋教育管理"深度融合的教育决策数治范式，同时，面向公众提供教育数据公共服务，以及推动社会专业机构服务教育数字化治理，创建教育管理数字化的良好生态。

一、提升教育决策支持的数治化水平

数治化是通过数据驱动的方式来管理和治理的过程，强调基于数据作出决策，以实现更高效、更透明的管理方式。教育决策支持的数治化，是改变传统的教育决策支持模式，通过强化数据整合实现更高质量的教育决策支持。传统的教育决策支持模式，尽管试图超越依赖于过往经验、个体偏好的局限，注重统计数据收集、公众问卷调查或专家咨询，但往往存在不同来源信息数据较为分散、难以整合的特点，而这不利于充分支持教育决策的科学化与民主化。究其原因，传统的教育决策支持虽然注重数据，但缺乏治理的思路，导致产生数据壁垒、数据孤岛、数据烟囱，从而数据不能转化为高质量的证据支持。数据不同于证据，数据只有转化为证据，才能支持教育决策。教育决策的复杂性越强，证据的质量要求越高。

相对于中小城市，超大城市教育决策更有赖于高质量证据的供给。提高教育决策支持的数治化水平，本质上是教育决策过程中实现高质量证据供给。"十四五"以来，国家和上海围绕数据驱动的教育管理与决策纷纷作出部署。《教育部关于加强新时代教育管理信息化工作的通知》提出总体要求：以数据为驱动力，利用新一代信息技术提升教育管理数字化、网络化、智能化水平，推动教育决策由经验驱动向数据驱动转变、教育管理由单向管理向协同治理转变、教育服务由被动响应向主动服务转变，以信息化支撑教育治理体系和治理能力现代化。《上海市教育发展"十四五"规划》则立足于全面深化教育领域综合改革，继续当好教育改革开放排头兵、创新发展先行者，围绕"率先形成超大城市教育高质量发展模式""构建教育精细化治理体系"思路，提出以新技术优化教育治理，推进教育管理和政务服务"一网通办""一网统管"，以教育大数据应用提升管理决策水平，推动"智慧教育"成为上海智慧城市建设新亮点。

对照上海更高水平更高质量实现教育现代化的目标和服务支撑教育强国建设的要求，上海教育决策支持的数治化水平有待进一步提升，认清上海超大城市治理需求与规律、特点，加强教育领域数据的统筹规划，加强教育决策支持系统建设，在教育决策支持系统运用过程中实现教育治理现代化。

一是加强教育领域大数据的统筹规划与迭代升级。围绕上海超大城市教育决策支持的需求，落实《上海市教育发展"十四五"规划》任务部署，在各级各类教育统计数据集成的基础上，进一步强化教育与经济社会发展数据、国内国际比较数据的连接共享，打通教育数据与人口数据、人才数据、科技创新数据、产业发展、就业数据等领域数据，同时进一步整合教育质量、教育调查等类型数据。伴随人工智能与大数据快速发展，根据"十五五"期间新形势新任务，迭代升级教育领域大数据是研究制定教育发展"十五五"规划的重要内容。并且，为实现统筹规划与迭代升级，完善跨部门政策组合和协调机制是重要保障。唯有如此，才能释放数据资源的乘数效应，让教育大数据名副其实，实现最大程度支持教育决策。从教育决策释放的数据支持需求而言，大数据的核心要义并不在于因教育规模大而伴随产生的数据体量之大，而在于教育决策中因考量因素之多而产生的数据框架之大。大的数据框架，是把教育决策置于世界变化与中国国情、超大城市治理背景下，在横向上考虑不同部门、领域，在纵向上关注国家、区域与城市。只有构建大的数据框架，才能从根本上改变传统数据的零散、碎片化，提高数据分析的专业性，提升教育决策支持的精准度。

二是加快教育决策支持系统的建设。我国是一个人口、地理与治理意义上的大国，地区发展不平衡、城乡发展差异仍然存在，加上教育规模和体系庞大，因而各地区教育决策支持的需求不尽相同。超大城市教育高质量发展是教育强国建设的重要战略支点，超大城市率先建设与应用省级教育决策支持系统的需求日益增长，超大城市教育决策系统是国家教育决策服务系统的重要组成部分。建设超大城市教育决策系统，有助于推进超大城市举力实施教育强国建设规划纲要，率先更高水平更高质量实现教育现代化，是超大城市教育治理体系和治理能力现代化的重要抓手。建设超大城市教育决策支持系统基本思路是体现超大城市治理特点、发挥超大城市数字化优势、突出超大城市教育决策应用。体现超大城市治理特点，是由于超大城市与中小城市面临的人口规模、城市功能定位与城市治理难题不同。发挥超大城市数字化优势，即发挥超大城市大数据中心建设与一网通办、一网通管优势，发挥超大城市技术研发、教育改革试点与教育研究优势，实现技术、科研、管理的深度融合。突出超大城市教育决策应用，则是针对超大城市管理的精致化、教育综合改革的重点、人民群众接受优质教育的需求，广泛收集数据信息、深入挖掘分析数据、精准动态应用数据，不断提升教育服务贡献度与影响力，办好人民满意的教育。

三是在教育决策支持系统运用过程中促进超大城市教育治理现代化。超大城市建设教育决策支持系统，目的在于应用过程，支持教育决策、优化教育决策，并在此过程中转变政府职能，突破跨部门政策制定实施的数据壁垒，强化教育、科技和人才三位一体统筹，从而带动、促进超大城市教育治理整体现代化。党的二十届三中全会决定指出：教育、科技、人才是中国式现代化的基础性、战略性支撑。必须深入实施科教兴国战略、人才强国战略、创新驱动发展战略，统筹推进教育科技人才体制机制一体改革，健全新型举国体制，提升国家创新体系整体效能。这为超大城市教育决策支持系统建设和应用提出了要求和提供了思路。作为国家重要的科技创新策源地、人才集聚高地和教育现代化发展先行区，上海承担着推进教育、科技、人才"三位一体"融合发展试验田和先行先试的使命。按照教育数字化治理的内容为本、应用为王的原则，聚焦教育、科技、人才一体发展是必然要求，同时是发挥教育数字化转型引领示范功能的内在需要。这要求超大城市教育决策支持系统的应用以解决教育、科技、人才三位一体统筹为重点内容，引导和支持各部门各机构相互对接衔接、协同破解数据壁垒与制度壁垒，为深入分析教育、科技、人才三位一体统筹发展的需求与挑战提供数据支持，促进教育综合改革的深化、教育政策的统筹、一体化的教育监测，提高超大城市人力资源开发水平与人才资源供给能力。

二、构建教育数据公共服务供给机制

数据公共服务是指由政府或其他公共机构提供的、面向公众或特定用户群体的数据服务。数据公共服务的核心在于开放和共享数据资源，以便于公民、企业、学术界有关机构能够利用公共数据创造价值。教育作为社会关注、家长关心的领域，构建数据公共服务供给机制，其价值不仅在于提高政府教育工作的透明度，增加公众的信任，而且有助于凝聚全社会的共识、资源与智慧，形成促进教育改革创新的合力。

构建教育数据公共服务机制，是促进政府与家长、社会良性互动的有效路径，是推进超大城市教育数字化治理的必然要求。超大城市人口集中、市民对优质教育和个性化教育需求强烈，教育改革和发展中存在不一致认知乃至噪声干扰，因而实现多主体之间的良性互动、营造全社会参与教育和支持教育并非易事。信息不对称、意见表达渠道不畅，是制约有效互动的重要因素。超大城市教育改革和发展，迫切需要通过扩大教育数据公共服务供给，以更多更可信的数据信息服务，促使参与互动的主体具有对话的基础，提高互动效率。良性互动所需要的教育数据公共服务，是双向而非单向的，既包括向社会公众提供教育数据信息服务，又包括由社会专业机构生产提供有用的数据公共服务。

一是面向广大社会公众提供更多教育数据公共服务。从教育数据需求类型上而言，主要是为面向社会公众及时动态发布权威的教育统计信息、城市教育发展规划主要目标达成和预警信息以及未来发展愿景，引导社会公众形成正确的教育质量观、人才观、成长观，凝聚全社会力量支持教育；各类科研机构、社会团体、企事业单位在生产和科研活动中的教育数据需求提供必要的服务支撑；以及为公众个体提供兼具普适性和个性化的教育数据信息服务。从服务社会人群而言，按照终身教育理念和建设面向人人的学习型社会目标，超大城市人口年龄结构决定了教育数据信息需求的特点。由于上海城市的老龄化程度较高，因而向老年人群提供教育数据信息需要引起高度重视。同时，上海作为国际化大都市，人口流动特征明显，为此提供教育数据公共服务所面向的群体更加多元，教育数据信息提供的针对性需求更强。

二是激发社会专业机构参与教育数字化研究与产品开发。在教育数字化研究方面，发挥高校、教育科学研究机构集中优势，运用教育大数据与教育决策支持系统，加强教育数字化推进的规律性和趋势性研究、教育数字化发展战略与预测研究、教育数字化政策的追踪动态监测与评估研究，为超大城市探索教育数字化治理新路提供科学支撑。在产品研究开发方面，通过政策和机制引导全社会企业、公众应用公开的数据，挖掘分析、开发便民应用，提升教育数据公共服务水平。突出企业研发和持续提供先进技术支撑的基础作用。用好国家赋予上海推进科创中心的资源优势、政策优势、平台优势，在发挥市场机制的同时，充分发挥软件公司已有的技术优势和专业化资源特点，进一步吸纳相关技术研发开发团队，通过深化融入式、交互式工作模式与合作机制，共同承担教育数字化转型方面的技术开发、运维与创新工作。根据上海老年人口占比高、老年人参与学习需求强的情况，更加关注老年教育数字鸿沟，突出数字化治理推动老年教育变革重塑，以应用场景建设、智能课程研发、智能技术培训等为切入点，帮助更多老年人共享数字社会发展。

三是构建数字化治理驱动的教育科学研究新范式。在全球信息化和数字化的浪潮中，传统的教育科学研究范式面临着前所未有的挑战和机遇。传统的研究方法和工具在处理大规模数据、实时分析和多维度研究方面显得力不从心。与此同时，教育实践的迅速变化和教育需求的不断升级，迫切要求教育科学研究范式进行创新和转变，在教育科学研究范式转变中，通过引入数字化治理，加强教育数据获取与处理、分析方法、研究协作和成果应用，实现数据驱动、智能分析和跨学科融合，从而提升研究的精确性和实用性，满足教育现代化发展的需求。而数字化治理驱动教育科学研究范式的转变，离不开强有力的政策支持和科学合理的规划。政府和教育管理部门应制定长远的发展规划，提供必要的政策与资金支持，建立评估与反馈机制，确保数字化治理在教育科学研究中的有效应用和持续推进。

四是推动教育数字化治理监测评估走向多元、伙伴式监测。发挥高校、智库、第三方专业机构数量广泛的优势，在制度设计上建立相关研究机构、高校、第三方机构等多元参与的监测评估机制，发挥理论优势、技术优势，围绕监测评估指标、数据和结果运用，针对教育数字化治理的重点、难点问题开展专题研究和深度监测。充分发挥在沪高水平大学优势，大力推动和持续加强学术与研究的基础性支持。重点加强管理、政策和决策支持、教育数字化应用方面的理论、方法、模型、技术等方面的协同创新研究。创新教育监测评价方法与机制，注重收集多种类型的数据，加强教育调查数据的采集机制建设，及时反映各级各类学校学生、教师、家长及社会各方的需求与声音，推动形成社会各界和广大人民群众共同关心、支持和参与教育现代化发展的良好局面，更好满足生活在上海这座超大城市中不同群体接受教育的需求，促进每一个学习者全面而有个性地发展；办好人民满意的教育，让上海这座超大城市加快成为各类人才向往的学习体验之地、事业发展之地、价值实现之地。同时，充分利用各种新闻媒介，通过多种形式全面深入宣传教育数字化治理监测评估的战略意义和主要内容，为监测评估营造良好的舆论氛围，并逐步探索教育数字化治理监测评估结果向社会发布信息的机制，大力宣传发展水平高、进步程度或努力程度高的地方及其改革经验，让社会了解、参与和支持教育，并通过社会舆论监督促进各级政府及教育行政部门履行职责、加快提高教育数字化治理的现代化水平。

第二节　激发学校数字化转型活力

学校在教育数字化治理中扮演着至关重要的角色。作为教育体系的基本单位，学校不仅是教育数字化的实施者，也是教育数字化改革的推动者和数字化教育创新的试验场。通过积极参与数字化治理，学校能够有效提升教育质量，推动教育公平，培养具备数字素养和创新能力的学生。

激发学校数字化转型活力不仅是提升学校教育质量和师生数字素养的内在要求，而且在超大城市中通过学校数字化手段可以更好地平衡区域内乃至跨区域的教育资源分配，促进优质教育资源均衡配置与便捷共享。

落实习近平总书记在中共中央政治局第五次集体学习时就教育强国建设发表的重要讲话精神，进一步推进数字教育，为个性化学习、终身学习、扩大优质教育资源覆盖面和教育现代化提供有效支撑，需要各级各类学校充分认识教育数字化是我国开辟教育发展新赛道和塑造教育发展新优势的重要突破口，自觉推进学校数字化转型。上海为激发各级各类学校数字化转型活力，评选建设教育信息化应用标杆学校，探索数字孪生学校建设，但学校数字化转型的功能定位与能力建设需要再提升，更好适应上海加快教育现代化和建设智慧城市的要求。

一、促进学校主动拥抱数字化转型

学校数字化转型是学校组织层面的变革，强调学校领导与管理能力对学校数字化转型的重要性，数字领导力是学校领导力的关键要素。当前，教育数字化转型的技术层面讨论比较多，尤其是数字技术与教育教学有机融合，但发挥数字技术对学校的影响，需要超越技术逻辑，从治理的逻辑上系统性推进学校教育数字化转型。从本质上而言，学校作为一个有机体，主动拥抱数字化转型，不仅是一种态度，积极引入和应用技术，更是一项战略，作出前瞻性、系统性、制度性安排。

学校主动拥抱数字化转型，在观念上要全面前瞻认识数字技术对教育教学生态的重构作用。长三角在中国式教育现代化中发挥龙头带动作用，助力教育强国建设，需要在教育数字化转型上向世界贡献中国智慧，其核心是以数字化引领教育现代化，通过引入先进的数字技术和理念，不仅改变教和学的方式，还要高度重视数字技术对优化教育管理、评估体系、学生支持的影响，进而全面提升教育系统的效率、质量和可及性。因此要围绕促进学生学习，重构整个教育教学生态系统，从创造学习环境到提供学习支持，从学习个性化评估到基于证据的教育资源配置：一是引入人工智能、大数据分析、云计算、移动学习平台等先进技术，改变传统的教学和学习方法，创造一个更加高效、个性化和互动的学习环境。二是通过数字技术扩展提供给学生各种辅助和支持服务，让学生能够随时随地访问数字化的学习材料和使用学习工具、获得职业选择和规划的在线指导、获得保持心理健康的在线资源和指导。三是通过数字技术更加精确和全面地对学生表现评估，让学生评估更加个性化、多元化，更贴合学生的实际学习过程和需求，使学生的综合能力如批判性思维、创新能力、团队合作等评估变得更加可行。四是应用大数据技术，分析学生表现、教学效果和学校日常管理运行，使管理决策更加基于证据和结果导向，精确地分配教育资源如教师配置、课程安排等。

学校主动拥抱数字化转型，在顶层设计上要把数字化作为学校主动发展的核心战略之一。近年来，长三角区域内各级各类学校制定和实施主动发展规划中，普遍注重信息技术与教育教学深度融合，教育数字化试点学校设计实施了相关课题或项目。但如何将数字化与学校办学理念、目标有机联系起来，推动数字化全面融入学校发展战略，实现数字化充分赋能学校教育高质量发展，是下一步应当重点考虑的问题。

学校主动拥抱数字化转型，在机制建设上要在学校组织层面破解制约教育数字化转型的各种壁垒。伴随着学校应用数字技术乃至建设各类信息平台、开发应用场景在数量上取得较大进展，学校数字化治理正在变得愈加重要。当前，学校数字化治理的效能提升成为一个新的重要问题。没有学校层面的整体数字治理，无论是教育数字资源配置，还是提升师生信息化运用能力都将会失去重要保障。学校数字化治理面临着破解壁垒的挑战。治理壁垒具有多类型特征，包括观念壁垒、制度壁垒、资源壁垒、数据壁垒等。打破各种壁垒，是学校数字化治理的核心问题。学校不同部门之间、学校与家庭社区之间，需要共建共享信息平台，促进各类资源的贯通融合，为每一位教师和学生推送精准教育服务，以及有效发挥数字化在协同育人中的作用。只有如此，学校才会有数字大脑，更好地让数据服务师生及家长，加快上海的智慧学校发展，提高实现数据整合和平台统一的数字校园规范化建设的各级各类学校比例、实现校园物联网感知和智能教学常态化应用的学校比例、实现数据驱动个性化学习指导的学校比例。

学校主动拥抱数字化转型，在数据资源上推动开放共享。推动学校教育数据资源的开放共享对于促进教育公平、提高教育质量和效率具有重要意义。对于超大城市而言，由于其人口密集、教育资源丰富且多样化的特性，实现教育数据资源的开放共享尤为关键，核心是建立教育数字化治理信息共享平台，统一数据标准和规范，明确共享信息的范围和质量要求，以及信息共享的流程和责任主体，集成教育行政部门和学校的部分数据资源，实现教育数据的共享利用。

为推进学校主动拥抱数字化转型，需要政府加强政策与法规建设，制定明确政策，出台具体的政策文件，明确规定哪些数据可以共享、如何共享及共享的目的，确保所有共享的数据都符合个人信息保护的相关法律法规要求；促进数据标准化与互操作性，统一数据标准，制定统一的数据格式和接口标准，确保不同来源的数据可以被有效整合和分析，并提高互操作性，确保各个教育信息系统之间能够顺畅交换数据，消除"信息孤岛"；促进教育部门与其他政府部门如科技、财政等部门之间的合作，共同推进数据资源共享，在此基础上大力促进学校间的数据共享，比如通过建立教育联盟的形式来促进优质资源的流动。借鉴国际上成功的案例和经验，鼓励学校参与国际性的教育数据共享项目；建立多方位保障机制，对教师进行数据素养和技术能力的培训，帮助他们更好地利用数据资源，提高公众对教育数据共享重要性的认识，包括学生、家长和社会各界的支持。同时，定期对数据共享的效果进行评估，根据反馈调整策略和措施。

　　推进学校主动拥抱数字化转型，需要加强推广学校数字化治理典型案例。典型案例在激发教育数字化转型活力方面可以起到示范作用，政府和学校应积极收集和分享在数字化转型过程中的成功案例，包括创新的教学方法、有效的技术应用和管理改进等。这些案例可以作为最佳实践，供其他学校和教育机构参考和借鉴。通过组织研讨会、培训和网络平台等形式，可以促进这些成功经验的广泛传播和应用。典型案例推广不仅提供了实际可行的解决方案，还能激发教育工作者的创新精神和实践热情。对照教育数字化治理监测评估以及形成的判断和结果，针对监测点对应的各级各类教育领域和环节，凝练总结超大城市推进教育数字化治理的经验和做法，分析实际可行的解决方案，结合多维度的数据信息综合分析，形成教育数字化治理过程中可复制、可借鉴、可推广的先进经验和典型案例。发挥各地教研科研优势，推动各级教育学校基于国家智慧教育平台开展人工智能通识教育，应用"智能学伴"等工具开展学情分析，在实际应用和实践方面培育形成成功案例，带动更多学校提升师生数字素养、创新教学方法、加强技术应用和实现管理效率改进，为世界数字教育发展贡献中国方案、发出中国声音。

二、开展学校数字化专业支持团队建设的试验与改革

当前，在各级各类学校数字化转型实践中，学校信息技术教师往往兼职管理学校信息化，而其他学科教师的数字素养和数据分析能力尚不能很好胜任学校数字化转型和自我评估，为此迫切需要建立专业的数字化支持团队，并建立激励专业团队开展数字资源的二次乃至多次加工、开发与分享机制，从而保障数字化转型落地见效。上海率先更高水平更高质量实现教育现代化，需要探索出一条专业化的学校数字化支持团队建设及其配套的政策保障机制，为全国各地推进学校数字化治理与自我评估能力提供样板示范。

建立学校专业化数字化支持团队，关键是校本化推进具有针对性的应用及其指导服务。为解决教育数字化技术落地"最后一公里"难题，在各级教育学校数字化转型过程中，针对担任学校数字化管理的教师多为兼职教师、学科教师数字素养及数据洞察能力难以胜任学校数字化转型的普遍性问题，各级教育学校应探索和加强学校数据管理专职人员配置，逐步建立起专业化的数字化支持团队，通过建立健全岗位职责、考核奖励、职称晋升等机制，从根上提升学校的教育数字化应用能力与运行水平。超大城市可结合本地教师队伍建设及其结构的优化调整，提高至少有一名具有高级职称的信息技术学科教师或学校数据管理员的中小学比例，并将其纳入区域教育发展规划及教育现代化指标体系予以发展监测评估。另外，政府和教育科学研究机构应通过提供专业的服务支持和培训课程开发，建立教师数字技能认证体系，助力和促进广大教师熟练掌握数字化工具和平台。学校还需要确保教师的工作评价体系与数字化转型目标相一致，以免产生额外不必

要的压力。

　　建立学校专业化数字化支持团队，根本目的在于带动引领教师数字素养整体提升。一是系统化地开展教师培训。推动学校制定全面的教师培训计划，涵盖数字化教学工具的使用、信息技术应用及创新教学方法等内容。鼓励和支持学校运用在线培训平台，让教师随时随地进行学习和提升。二是定期组织数字化教学研讨会。邀请专家和优秀教师分享数字化教学经验和创新方法。鼓励教师跨校交流，促进教师之间的经验分享和教学合作。三是开展教师数字素养评估与反馈。学校开发或引入数字素养评估工具，系统评估教师的数字化教学能力和素养。通过系统的评估和反馈，帮助学校了解教师的数字素养水平，针对性地提供培训和支持，提升整体教学质量。

　　促进教师掌握和应用数字化工具，不仅能够提升教学与研究效率和准确性，还能开拓创新思维和研究方法。从范围上涵盖了从数据采集、分析到可视化的各个环节，广泛应用于不同学科领域。在数据采集环节方面，代表性工具包括：传感器和数据记录仪，用于物理、化学和环境科学等领域的数据采集，例如气象传感器可以实时记录温度、湿度和风速等气象数据，环境传感器可以监测污染物浓度；高通量测序仪，用于生命科学领域的基因组、转录组和蛋白质组数据采集。高通量测序技术能够快速获取大量基因序列数据，用于研究基因功能和遗传变异。而在数据分析环节，代表性工具有：SPSS、SAS等统计分析软件，用于社会科学、医学和生物统计等领域的数据分析，具有丰富的统计分析功能，如回归分析、方差分析和时间序列分析；机器学习和人工智能平台，如 TensorFlow、PyTorch 和 scikit-learn，用于大数据分析和模式识别，可利用平台构建和训练机器学习模型，进行预测和分类任务；图像分析软件，如 ImageJ 和 Fiji，用于生物医学、材料科学和天文学等领域的图像处理和分析。图像分析软件能够对显微镜图像、遥感图像和天文图像进行定量分析和可视化。在数据可视化环节，代表性的工具主要包括：数据可视化软件如 Tableau、Power BI 和 D3.js，用于多领域的数据可视化，可以利用这些工具创建交互式图表和仪表盘，直观展示数据分析结果；绘图软件如 Origin、GraphPad Prism 和 Matplotlib，用于科学数据的绘图和分析；地理信息系统（GIS）软件：如 ArcGIS 和 QGIS，用于空间数据可视化和分析。

第三节　加强教育数字化治理监测能力建设

对照国家教育发展战略目标，基于上海超大城市特点，建立教育数字化治理的动态监测和评估制度，是深入转变政府职能、精准补齐短板、动态调适政策的内在需要。围绕上海 2035 年更高质量更高水平实现教育现代化目标，建立教育数字化治理的动态监测、定期评估及预警反馈制度，尤其是基于实证数据综合监测目标的达成度、任务的落实程度，不仅有助于把握上海城市教育现代化进程，在时空维度上所处的方位，而且基于监测结果分析的政策改进以及对区域、学校的激励将激发教育数字化发展活力。同时，全方位跟踪展示教育数字化推进与治理成就，将凝聚多方力量，形成广泛共识，增强教育自信。

一、完善教育数字化治理监测的良好生态

夯实教育数字化治理的算力底座。充分利用先进技术和智能化手段，打造教育治理坚实算力底座，努力实现对象可连接、应用可模型、决策可计算。同时，聚焦人口预测、科技创新策源、人力资源开发、人才供给结构优化、教育规模结构布局优化升级等重大战略问题，加强系统应用场景及监测评估结果深度应用。充分利用深度学习、预训练内容生成式 AI 等行业先进技术及解决方案提升服务应用能级，为国家和各地教育管理者提供更全面、更精准、更及时的系统应用服务场景。另外，联合专业化力量，广泛汇聚海量资源，强化数据整合共享，探索建立统一的数据标准，打造涵盖政府、高校、科研机构和企业的多方联盟，共同培育人才链、创新链与产业链有机衔接的良好治理生态。

建设教育数字化治理监测研究高地。发挥上海城市人才与智力优势，整合各方面智库与研究力量，打造教育数字化治理监测数据中心与研究高地，加强教育数字化治理的动态监测、精准监测、深度监测，以高素质的监测队伍与高质量决咨成果支撑上海教育治理现代化走得更实更远。基于监测平台数据，建立不同学科、不同领域专家学者的协作平台及专家与政策制定者的对话机制，是教育大数据服务上海超大城市教育治理与决策、释放最大化效益的有效行动。同时，在全市范围内持续开展智慧学校监测，涵盖实现数据整合和平台统一的数字校园规范化建设的各级各类学校比例、实现校园物联网感知和智能教学常态化应用的学校比例、实现数据驱动个性化学习指导的学校比例。

二、建立教育数字化治理监测结果的反馈预警机制

监测机制在教育数字化治理监测系统中起着基础性和根本性的作用。良好的监测机制，能够促使监测系统接近于一个自适应系统，自动运行并快速响应变化，从而采取措施调整系统或优化目标。构建动态、系统的教育数字化治理目标监测反馈预警机制，保障监测项目顺利运行，是发挥监测功能的关键。

（一）建立教育数字化治理监测结果的反馈机制

教育监测反馈机制与报告机制是教育监测最重要的环节，也是监测发挥主要功能的环节，任何监测活动都需要建立反馈机制与报告机制，才能为教育改进发展提供服务。教育监测反馈改进过程是一个循环往复的动态过程，及时反馈监测评估结果，将监测结果不断扩散和多次应用，从而在监测系统中形成闭环反馈链，反馈改进的循环运行是发挥监测多重功能的过程。[1]监测评估作用能否真正发挥在于评估对象是否根据监测结果采取行动，这也是教育监测评估中的难点。

反馈监测结果有多种方式，其中最重要的方式是撰写监测报告。监测报告是对监测对象全面调查、综合分析和科学判断基础上所形成的书面报告，是教育改进的依据，也是实现社会监督的重要方式。专业的监测报告和制度化的报告机制，是教育监测持续运行的基础，也是发挥监测功能的保障，有利于提高监测水平。完善评估反馈机制，核心是形成制度化监测评估报告机制，向政府有关部门和学校及时反

---

[1]　金锡万、白琳：《项目后评价的反馈机制》，《安徽工业大学学报（社会科学版）》，2002 年第 3 期。

馈监测结果，为科学制定和调适教育数字化政策提供证据支持，促进学校推进科学决策与学校精准改进。此外，监测结果的社会传播至关重要，尤其是为发挥家长、社区和社会力量的外部监督作用，加强监测结果的公开性和透明度，向家长和社会公开，有助于引起社会对教育发展的关注、支持和监督。

（二）教育数字化治理监测结果的预警机制

预警机制是预防并降低危机带来损失的行为机制，在社会发展的各个领域已得到有效应用。在教育领域，预警机制能够及时有效应对随时可能出现的教育发展问题，并在实践中取得良好的治理效果，已成为世界各国在教育发展与教育治理中普遍使用的手段。

建立教育数字化治理监测预警机制，不仅能够及时了解教育数字化治理目标发展进程，还能够有效预防和化解教育数字化推进过程中各种矛盾与问题，提升教育治理能力，促进教育公平与质量提升。教育监测预警机制是利用监测信息系统对确定的警情指标进行持续动态的监测并向相关部门发出预警信号、接收反馈、采取应对策略等一整套运作体系，是对教育发展过程中各类潜在问题进行超前管理。教育监测预警机制可以发挥强大的监测功能。预警管理系统通过确定的预警指标持续有效地监测教育发展过程，收集监测数据、情报及资料，对影响教育发展各类约束性条件、演变趋势及规律进行科学预测并在逻辑推演基础上发出明确的警告信息，使决策部门能够提前洞悉问题或危机征兆，对教育发展趋势、可能引发的教育问题及其严重程度进行合理的评估判定，及时采取应对策略，消除或防止这些潜在问题和危机给教育发展带来不良后果，是监测预警系统顺利运转与监测评估功能发挥的核心和基础。

　　具体而言，预警指标体系与监测评估指标和标准息息相关，确定预警指标后需要明确预警的标准与警戒线，并对危机进行等级划分，通常包括两级或者三级警示。监测数据系统是一个时时回收数据并进行分析与预测的自运行系统，包括对预警指标数据的统计、分析与预测三个基本步骤。一旦超过设置的警戒线，则根据危机等级发出相应的警报，反馈给相应的监管主体或决策主体。预警分析系统对警报讯号与报告的危机进行分析，包括预警结果分析、风险评估、危机问题与原因分析等三个基本模块。决策系统包括对策措施讨论、干预方案制定及其实施过程。监管主体在预警分析系统与对策系统中发挥着重要的作用，对所报告问题风险评估的准确性、问题的归属与原因分析是发挥决策系统功能的前提，因而可邀请相关专家协助。存储系统既包括对海量预警指标数据的存储，也包括对监测结果报告、对策措施等文件资料的存储，为改进监测预警管理系统与总结教育数字化治理的超大城市经验提供参考。

三、基于教育数字化治理监测结果的政策调适

　　指标的生命力在于应用，监测的价值在于服务科学决策和精准施策。健全教育数字化治理的监测评价制度，以系统性推动监测评估结果科学运用为鲜明特征。建立针对不同服务对象分类定期提供信息和社会发布机制，促进长三角教育科技人才一体监测评估结果的动态、多样应用，为超大城市动态评估和科学制订教育事业发展规划提供支撑。

　　坚持问题导向和结果导向相结合，重点围绕超大城市教育数字化治理目标推进开展动态监测并围绕依据监测结果进行政策调适这一目标，分析监测体制机制存在的问题，提出监测机制创新的建议。采用文献研究、数据分析、实地调查等方法，对教育数字化治理监测及政策调整取得有效经验的部分地区进行调查研究，分析超大城市教育数字化治理目标监测机制的总体现状、典型经验与主要问题，总结在政策调适机制和政府治理体系中有鲜明特点和成效的新做法新经验；采取专家征询方法，分领域、专家类型、分层级利用专家研讨会和头脑风暴方法，对确定推进教育数字化政策调适重点、制度机制创新等进行征询，提出超大城市教育数字化目标监测机制创新的建议，包括适时预测、预警预报机制、监测信息发布制度、动态监测公共信息服务机制、区域引导与激励机制、政策调控公共参与机制和公共问责机制等。

　　一是推动监测评估结果有效支持政府教育决策。支持教育决策是教育数字化治理监测的出发点和落脚点。重监测、轻运用，重数据分析、轻政策调适，不利于持续推进教育数字化治理现代化。没有监测评估结果应用于政策调适"临门一脚"，监测评估数据转化为决策证据的过程就没有完成。监测评估结果运用于政府决策的机制建设，事关教育现代化大局全局。

　　二是推动监测评估结果引导各级各类学校高质量发展。学校是教育现代化的细胞，各级各类学校高质量发展是实现教育现代化的关键。关注每一位学习者，办好每一所学校，是区域推进教育现代化的基本理念。引导各级各类学校高质量发展，除了发挥指标体系的导向作用，基于监测评估结果的学校改进与激励机制是一条重要路径。具体制度设计包括：基于不同类型学校达标程度及其校际差异程度监测，建立必要的预警机制，促进智慧学校发展。逐步建立各级各类学校数字化治理案例的推荐机制、发布机制，交流总结典型经验，并纳入监测评估结果，激励学校特色发展、多样化发展和注重进步程度。

三是代表国家积极参与全球教育治理、贡献中国智慧和方案。当今世界面临百年未有之大变局，新一轮科技革命深刻影响生产方式生活方式，国际社会对教育问题广泛关注与重视，教育成为全球治理的重要领域。设立国际指标和标准开展监测，并推动各国或地区广泛参与监测、提供创造性实践案例，是全球教育治理的一条重要路径。基于教育数字化治理的监测评价结果，动态分析超大城市在国际坐标系尤其是全球大城市圈中的相对位置，在国际参照系下密切跟踪关注区域在教育管理智慧学校发展、联手打造具有国际影响的一流大学和一流学科、与国际知名高校合作办学、打造国际合作教育样板区等行动实践，并总结凝练解决全球教育问题的经验案例与话语体系。我国教育发展水平已进入世界中上行列，面向 2035 建设教育强国征程中需要区域教育发展增强全球视野，按照"十四五"规划设定的目标与行动加速提升国际影响力。

从教育数字化治理目标推进实际情况看，超大城市各有各的优势、特色、不足和发展困难，围绕破解各级各类教育数字化推进中的不同环节重点、难点和热点问题，各地都从实际出发采取了具有地方特点的对策举措，并取得了显著的成效。在此基础上，对照监测评估形成的结果，超大城市应在提升共性指标发展短板的同时，进一步突出自身特色指标以及特色指标对应的领域、环节，探索自身教育发展新模式新途径，形成改革发展的典型案例。

参考文献

1. 罗荣渠：《现代化新论——世界与中国的现代化进程》，北京大学出版社 1995 年版，第 16—17 页。

2. 顾明远、薛理银：《比较教育导论——教育与国家发展》，人民教育出版社 1998 年版，第 205—208 页。

3. 中国教育与人力资源问题报告课题组编：《从人口大国迈向人力资源强国》，高等教育出版社 2003 年版。

4. 何传启：《东方复兴：现代化的三条道路》，商务印书馆 2003 年版，第 108 页。

5. 张力：《提高教育现代化水平的重要政策涵义》，《中国高等教育》2007 年第 23 期。

6. 童世骏：《科学发展的社会工程导论》，上海人民出版社 2007 年版。

7. 王晓辉：《教育决策与治理》，教育科学出版社 2010 年版。

8. 杨向东、朱虹：《教育指标系统构建的理论问题》，《清华大学教育研究》2013 年第 3 期。

9. 李晓轩、杨可佳、张秀峰、刘霞、刘智渊：《基于证据的政策制定》，科学出版社 2015 年版。

10. 刘颖、李晓敏：《OECD 国家学前教育质量监测系统分析及其对我国的启示》，《学前教育研究》2016 年第 2 期。

11. 杨宗凯：《以信息化全面推动教育现代化：教育技术学专业的历史担当》，《电化教育研究》2018 年第 1 期。

12. 张民选：《PISA、TALIS 与上海基础教育发展》，《外国中小学教育》2019 年第 4 期。

13. 张珏、公彦霏：《新时代中国特色教育发展目标监测体系：检视与重构》，《教育发展研究》2021 年第 19 期。

14. 张锋：《数字治理：数字时代的治理现代化》，电子工业出版社 2021 年版。

15. 张锋：《大城数治：上海超大城市社区治理数字化研究》，上海人民出版社 2021 年版。

16. 怀进鹏：《胸怀国之大者　建设教育强国　推动教育事业发生格局性变化》，《学习时报》2022 年 5 月 6 日。

17. 张蔚文：《数字城市治理：科技赋能与数据驱动》，浙江大学出版社 2022 年版。

18. 刘渊：《浙江省数字化改革研究》，浙江工业大学出版社 2023 年版。

19. 张珏、李伟涛：《我国推进教育 2030 目标监测指标体系及方法研究》，华东师范大学出版社 2024 年版。

20. ［美］布莱克：《比较现代化》，杨豫、陈祖洲译，上海译文出版社 1996 年版。

21. ［以］艾森斯塔德：《传统、变革与现代性——对中国经验的反思》，吴薇译，载谢立中、孙立平主编：《二十世纪西方现代化理论文选》，上海三联书店 2002 年版。

22. ［美］沃恩：《科学决策方法：从社会科学研究到政策分析》，

沈崇麟译，重庆大学出版社 2006 年版。

23. ［美］布鲁斯·史密斯：《科学顾问：政策过程中的科学家》，温珂、李乐旋、周华东译，上海交通大学出版社 2010 年版。

24. 联合国教育科文组织：《反思教育：向"全球共同利益"的理念转变》，联合国教科文组织总部中文科译，教育科学出版社 2018 年版。

25. 经济合作与发展组织：《教育数字化转型——人工智能、区块链和机器人技术如何赋能》，李永智主译，上海教育出版社 2023 年版。

26. OECD. Starting Strong IV：Monitoring Quality in Early Childhood Education and Care. Paris：OECD Publishing，2015.

27. World Economic Forum. The Global Competitiveness Report 2018. Switzerland：WEF Publishing，2018.

28. OECD：The Short and Winding Road to 2030：Measuring Distance to the SDG Targets, https：//www.oecd-ilibrary.org/social-issues-migration-health/the-short-and-winding-road-to-2030_af4b630d-en.

后 记

每当看到或听到"一流城市 一流教育",人们都会想到上海这座现代化国际化大都市,不由地讨论城市与教育之间的相互赋能。从过去广为人知的"一流城市 一流教育"命题,转向本书聚焦的"一流教育 一流数治"主题,这是新时代发展的使然,是教育现代化发展到新阶段的新要求。从党的二十大报告到二十届三中全会决定,都对推进教育数字化、超大城市治理作了重要决策部署。中共上海十二届市委五次全会审议通过《中共上海市委关于贯彻落实党的二十届三中全会精神,进一步全面深化改革、在推进中国式现代化中充分发挥龙头带动和示范引领作用的决定》,全面对标中央改革任务,明确到二〇三五年,现代化建设各方面制度更加完善,城市治理体系和治理能力现代化基本实现,为到本世纪中叶全面建成具有世界影响力的社会主义现代化国际大都市奠定坚实基础。

本书聚焦"上海超大城市教育数字化治理"这一主题,立足于更高质量推进教育数字化,关注推进教育数字化的治理逻辑与行动,理清背景、现状、挑战与使命,梳理国内外典型案例与经验借鉴,明晰功能定位,分析优化路径,构建监测指标与应用机制,为全国超大城市教育数字化治理探索新路。上海作为我国超大型城市的典型代表、全国教育现代化引领高地、国家教育数字化转型试点地区,迫切需要在提升教育数字化治理现代化水平上形成成熟的模式,以在长三角、全国乃至世界舞台上贡献智慧与方案，在中国式教育现代化中发挥龙头带动和示范引领作用，助力教育强国建设。

作为"上海智库报告文库"之一，本书得到上海市哲学社会科学规划办公室的大力支持，智库报告评审过程中专家们提供的宝贵建议显著提升了本书质量。同时，本书的顺利出版得益于上海人民出版社专业和高效的编校工作，在此深表感谢！本书是上海市教育科学研究院李伟涛研究员主持承担的 2023 年上海市重点智库课题"上海超大城市教育数字化治理现代化水平提升路径研究"的成果。本课题研究过程中得到了上海市教育科学研究院桑标院长、陆璟副院长、张珏研究员、顾云峰老师、陈娟老师，华东政法大学孙科技副教授，腾讯教育曾漫纯老师，联通（上海）产业互联网有限公司徐冰茹老师，上海市教育功臣、上海市学前教育研究所郭宗莉所长，杭州师范大学季诚钧教授，南京师范大学赵磊磊副教授的支持，在此一并表示感谢！

在本课题研究和智库报告撰写中，深感超大城市教育数字化治理涉及教育学、管理学和城市学等多学科，需要大格局、大思路。面对推进中国式现代化和建设教育强国的新要求，上海超大城市教育数字化治理研究尚需进一步开拓视野，深入开展上海与北京、深圳等超大城市教育数字化治理的比较研究，并对欧美国际大都市推进教育数字化治理的案例开展深入分析。同时，尚需后续对教育数字化治理的典型应用场景建设开展效果追踪评估研究。所以，希望本书的出版是一个新的开始，激发更多决策者、研究者和开发者共同关注和协同研究。

李伟涛

上海市教育科学研究院

2025 年 3 月

图书在版编目(CIP)数据

新赛道 新优势 ：超大城市教育数字化治理之路 /
李伟涛著. -- 上海 ：上海人民出版社，2025. -- ISBN
978-7-208-19297-3

Ⅰ. G779.2

中国国家版本馆 CIP 数据核字第 20242LH266 号

责任编辑 李 莹

封面设计 汪 昊

新赛道 新优势:超大城市教育数字化治理之路
李伟涛 著

出 版	上海人民出版社	
	(201101 上海市闵行区号景路 159 弄 C 座)	
发 行	上海人民出版社发行中心	
印 刷	上海中华印刷有限公司	
开 本	787×1092 1/16	
印 张	13.5	
插 页	3	
字 数	153,000	
版 次	2025 年 6 月第 1 版	
印 次	2025 年 6 月第 1 次印刷	

ISBN 978 - 7 - 208 - 19297 - 3/G·2205

定 价 60.00 元